Salim M. Ali

Fisch

Profit, Umwelt und Ernährung

Autor

Dr. Salim M. Ali, geb. 1954 in Indien, lebt seit 1978 in Deutschland. Studium und Promotion der Sozial- und Wirtschaftswissenschaften in Deutschland. Von 1992 bis 2010 Lehrbeauftragter an der Universität Oldenburg. Schwerpunkte Welternährung und Nahrungsmittelsoziologie.

ISBN: 978-3-8391-9895-7
Herstellung und Verlag:
Books on Demand GmbH, 22848 Norderstedt
Printed in Germany

Inhaltsverzeichnis

Vorwort

Die zweite Hälfte des 20. Jahrhunderts kennnzeichnete das Ende aller großen Kriege und gleichzeitig ein rapides Wachstum der Weltbevölkerung. Die von der fortdauernden Hungersnot betroffene Menschheit suchte nach neuen Bezugsquelle der Nahrungsmittelversorgung. Das Ackerland wurde immer knapper und man schaute in Richtung offenes Meer. Zahlreiche Recherchen beteuerten ihre Vorstellungen, dass die aquatische Pflanzenwelt die Kohlenhydrate und die aquatische Tierwelt die Proteine für die menschliche Ernährung liefern sollten. Ein neuer Industriezweig kam zustande und wandelte schrittweise die traditionelle, sich am Rand befindende, unwesentliche Küsten- und Binnenfischerei zur grässlich gigantischen Industriefischerei um.

Über 70% der Weltfläche besteht aus Wasser, und außerhalb der territorialen Gewässer brauchte niemand eine Fischfangerlaubnis, egal welche Menge und welches Ausmaß die Fischerei einnahm. Kaum drei Jahrzehnte brauchte es um festzustellen, dass zum größten Teil die fischreichen Meeresbecken leer gefischt wurden und viele im Überfluss vorkommenden Fischarten vom Aussterben bedroht sind. Das Wissen über die Ozeane wurde realistischer, und es wurde festgestellt, dass die aquatische Pflanzenwelt vorwiegend von Mikro-Algen dominiert ist, die kaum als Nahrung für Menschen in Frage kommen, und über 90% der Fischbestände im Küstenbereich leben, der schon von der Überfischung betroffen ist.

Diese Untersuchung zeigt die weltweite Lage des Fischfangs, der Fischzucht, des Fischverbrauchs und die Lage der ökologischen Wertigkeit. Die verwendete Sprache in dieser Arbeit ist einfach und flüssig, so, wie sie in allen Schichten oder Gruppen der Gesellschaft und im Bildungsbereich Anwendung findet. Allerdings können unvermeidbare oder notwendige Fachbegriffe als geringfügige Lesehindernisse vorkommen.

1. Der Trend zum Fischkonsum

Fisch ist beliebt. Der Fischkonsum ist im Trend, und die Vielfalt des Angebots steigt, die Fischproduktion steigt, und entsprechend steigt die Kaufkraft der Verbraucher. Viele Marktforschungen weisen daraufhin, dass der Fischverbrauch nie zuvor so erwünscht gewesen ist wie seit Beginn des 21. Jahrhunderts. Frische Fische, tiefgekühlte Fischprodukte, Marinaden, Fischkonserven dominieren zunehmend die Fischmärkte und Supermärkte als begehrte sowie gesunde Nahrungsmittelprodukte. Ernährungswissenschaftler bestätigen, dass Fisch ungesättigte Fettsäuren enthält, das Risiko eines Herzinfarkts senkt und eine saubere Nahrung aus der Natur ist.

Der Fischkonsum wird in der Regel am hohen Proteingehalt, an den hohen Anteilen an Vitaminen, wie A, B_1, B_2, C, D, E, Niacin, am hohen Mineralgehalt, wie Phosphor, Jod, Eisen und vor allem an Omega III, bewertet. Damit wird der Fisch als sehr wertvolle Nahrung gekennzeichnet. Das Fischfleisch beinhaltet einen geringen Bindegewebegehalt (1-2%), das bedeutet: es ist ein weiches Fleisch, das leicht zu verdauen ist. Viele Magerfische, wie dorschartige Fische oder Hechte, besitzen weniger als 1% Fettgehalt, und deshalb werden sie als sehr gesunde Nahrung eingestuft. Gleichzeitig verfügen Fische, wie Lachs, Aal oder Seeforelle, über 50% Fett. Hier wurde das Fischfett als gesund bezeichnet, weil Fischfett günstige Wirkungen gegen koronare Herzkrankheiten aufzeigt. Diese Bestätigungen unterstützen Verbraucher, immer mehr Fisch zu konsumieren. Allerdings ist das Nährwertwissen vom Fischkonsum neu und sehr begrenzt verbreitet.

Fische produzieren keine Omega III, sondern diese gelingt durch die Nahrungskette aus aquatischer Pflanzennahrung, wie Algen, in ihren Körper. Omega III besteht aus einer Reihe von verschiedenen ungesättigten Fettsäuren.[I] Der Herzinfarkt ist eine moderne Krankheit, verursacht vorwiegend durch übermäßigen Konsum von Nahrungmitteln tierischer Herkunft, wie Fleisch. Eine Reduzierung des Fleischkonsums ist die bessere Vorbeugung gegen Herzinfarkt als die Einnahme von Fisch oder Fischöl, weil diese Meerestoxine beinhalten könnten.

[I]Die meisten dieser Fettsäuren sind EPA ($C_{20}H_{30}O_2$), DHA ($C_{22}H_{32}O_2$), ALA ($C_{18}H_{30}O_2$), STD ($C_{18}H_{28}O_2$) etc. Die Wirkungen vieler dieser hochmolekularen Verbindungen im menschlichen Körper sind nicht ausreichend erforscht.

Gleichzeitig sind die Omega III ungesättigten Fettsäuren in den meisten Ölfrüchten, wie Raps, Wallnuss oder Leinsamen, reichlich vorhanden.

Fische sind im Wasser lebende Wirbeltiere, von denen schätzungsweise 28.000 bis 40.000 verschiedene Arten, mit verschiedenen Körpergrößen, in den Weltgewässern existieren. Sie leben im Meer, See, Fluss, Teich und in fast allen Arten von Gewässern. Größere Unterschiede zwischen Fischen werden an den Merkmalen, wie Knorpelfische, Knochenfische, Salzwasserfische, Süßwasserfische, Grundfische, Pelagialfische, festgestellt. Knorpelfische, wie Haie oder Rochen, besitzen ein biegsames Stützgewebe, und Knochenfische besitzen Gräten. Die Knochenfische machen den größten Teil der Fischbestände aus. Normalerweise sind Meeresfische Salzwasserfische und Binnengewässerfische Süßwasserfische. Dazwischen gibt es auch Fische, wie Diadromer, die zwischen dem Meer und den Flüssen wandern. Unter den Diadromern sind zwei Arten zu finden, die Anadromer und die Katadromer. Der Anadromer, wie der Lachs, lebt im Salzwasser und wandert in die Flüsse, um dort zu laichen. Der Katadromer, wie der Aal, verbringt sein Leben im Frischwasser und wandert in die Ozeane, um dort zu laichen. Grundfische leben auf dem Gewässerboden, die Pelagialfische leben dagegen zwischen Grund und Oberfläche oder im Oberflächenwasser.

Fisch aus den Weltmeeren ist das einzige in der Natur reichlich vorhandene Nahrungsmittel, und deren Vermarktung ist ein lukrativer Wirtschaftszweig, der wettbewerbsmäßig die Umsatzzahlen der Fischindustrie steigen lässt. Angesichts der wachsenden Weltbevölkerung und dem damit verbundenen steigenden Nahrungsbedarf sollen die Weltmeere mit ihren Fischbeständen die Aufgaben der benötigten Alternative zur Landwirtschaft zum Teil übernehmen.

Das Leben der Fische in den Gewässern, deren Ernährung, Vermehrung und Bewegung basiert ohne menschliche Einflüsse. Für die zivilisierten Menschen sind die Fische die größte Nahrungsquelle in der Natur, und gleichzeitig verfügen die Fische in der Natur über keinen Besitzer. Aus diesem Anlass sind die Fische das einfachste Jagdziel für die Menschen geworden. Sie wurden nur gejagt und gefangen, ohne deren Vermehrung zu unterstützen. Gleichzeitig verfügen die Menschen kaum über Möglichkeiten, um das Wachstum der Fische in der Natur zu beinflussen, ohne deren Jagd generell einzustellen.

Der Fischbestand in der Natur ist nicht konstant bzw. die Fische vermehren sich nicht immer zu einer bestimmten Populationsgröße, sondern sie vermehren sich nach deren Lebensbedingungen. Ein Beispiel: Wenn sich ein Fischschwarm in einem bestimmten Gewässer durch Geburt durchschnittlich um ein Prozent im Jahr vermehrt und sich gleichzeitig durch Sterben durchschnittlich um ein Prozent im Jahr reduziert, bleibt die Schwarmgröße für eine bestimmte Zeit konstant. Wenn durch eine Krankheit oder Naturkatastrophe eine große Anzahl des Fischbestandes sterben würde, würde es sehr lange dauern, die Originalschwarmgröße zu erreichen. Wenn außerdem zu dem jährlichen ein Prozent Wachstum zwei Prozent pro Jahr gefischt werden würden, würde dieser Schwarm im Vergleich zu der Naturkatastrophe keine Möglichkeit haben, seine Population wieder zur Originalgröße zurückzuführen, sondern, je nach Schwarmgröße, würde er zu einem bestimmten Zeitpunkt aussterben. Der Weltfischbestand ist in der Gegenwart direkt vom weltweiten Fischfang abhängig, und der gegenwärtige Fischfang bestimmt die Zukunft der Welt-Fischbestände.

Fischgeschmack

Wie schmeckt Fisch? Wässrig, moderig, gammelig, grätig, schuppig, ölig oder fettig sind die natürlichen Geschmackseigenschaften von Fisch und fischähnlichen Tierarten. Die Zutaten und Zubereitungsmethoden verleihen den Fischen einen unterschiedlichen Geschmack als im natürlichen Zustand. So gehören die Fische zu den wohlschmeckendsten tierischen Nahrungsmittelprodukten. Von einem weniger als 3 cm langen Krill bis zu einem über 30 Meter langen Blauwal schmecken die über 28000 bekannten Fischarten unterschiedlich. Demzufolge sind fast alle berühmten kulinarischen Küchen Fischküchen. Unterschiedliche Zubereitungen, wie roh, gekocht, gegrillt, gebraten, geräuchert, gegammelt[1], getrocknet oder gesalzen, sind von der jeweiligen Kultur und deren Konsumart abhängig. Der Geschmack an Fisch ist sehr von der Esskultur und den jeweiligen Zubereitungsrezepten beeinflusst. Strenger Geruch, Gammelgeruch, milder Geruch, starke Salzung, milder Geschmack etc. sind die beliebtesten Geschmacksrichtungen.

Der beliebte Kaviar besitzt zum Beispiel einen intensiven Gammelfischgeruch und einen strengen Salzgeschmack. Als Kochsalz vor der industriellen Salzherstellung ein unerschwingliches und unbezahlbares Produkt war, wurde dieses auch den Fischeiern zugefügt. Die körnigen Fischeier wurden auf die Zunge genommen, um das begehrte Produkt Salz zu schmecken, und nicht den Gammelgeruch der Fischeier zu genießen. Indem Kochsalz ein marktübliches Produkt wurde, drehten die Kaviarhersteller den Spieß um und propagierten, dass Kaviar als unbezahlbarer Leckerbissen wertvolle Nährstoffe enthält. Allerdings ist das Wissen, dass Kaviar Proteine, Vitamine oder Mineralien enthält, sehr neu. Der Kaviarkonsum in der hochmodernen Gesellschaft ist eher eine gesellschaftliche Repräsentation und verdient nicht die Anerkennung der bewussten Ernährung.

Um einen bestimmten Fischgeschmack zu erlangen, werden auch sehr gefährliche Essgewohnheiten ausgeübt. Das japanische Fischgericht

---

[1] Zum Gammelfisch gehört auch der Verzehr vom riesigen Grönlandhai in Island. Das Fleisch dieses Fisches enthält die giftige Zyanidsäure. Damit die giftige Substanz abgebaut wird, lässt man das Fleisch an der Luft oder unter der Erde für mehrere Wochen verfaulen.

Fugu wird vorwiegend von der Kugelfischsorte Takifugu hergestellt. Takifugu ist sehr giftig, und deren Verzehr gilt als lebensgefährlich. Gleichzeitig wird dieser Fisch als sehr geschmackvoll dargestellt. Der tödliche Giftstoff, genannt Tetrodotoxin, ein Nervengift, liegt unter der Haut, in der Leber und in den Eierstöcken, und es ist sehr risikoreich, diesen Fisch zu zerlegen. Der Geschmack ist in diesem Sinne eine sittenmodische Einstellung und hat mit dem eigentlichen Nährwert und der Nahrungsbedeutung wenig gemein.[1]

Die unterschiedlichen Geschmacksrichtungen sind primär vom Fettgehalt abhängig. Mild schmeckende Fische, wie Kabeljau, besitzen weniger als 1% Fett und kräftig schmeckende Fische, wie Heringe, bis zu 15% Fett, oder etwas ölig schmeckende Fische, wie die Aale, besitzen mehr als 45% Fettgehalt. Für den Geschmack bevorzugt man eher fetthaltige Fische. Auch die Delfine lieben fetthaltige Fische, wie Sardinen und Sardellen. Unabhängig vom Fettgehalt sind die Geschmackseigenschaften der Fische unterschiedlich und vielfältig. Auch die vielfältigen Eigenschaften des Fischfleisches sind von besonderer Bedeutung, um eine bestimmte Fischsorte zu bevorzugen.

Der Geschmack unter den marktwirtschaftlichen Bedingungen unterscheidet sich vom natürlichen Geschmack. Der vom Aussterben bedrohte, ölig schmeckende Rote Thun, der Gammelgeruch Beluga-Kaviar oder der über 50 Jahre alte hässliche patagonische Zahnfisch aus der dunklen Tiefe des Südpolarmeers sind die sogenannten geschmackvollen Fische und Fischprodukte unter den kaufkräftigen Verbrauchern.

---

[1]Der Verzehr des Kugelfisches Fugu wird auch als Mutprobe bezeichnet. Angeblich soll der Geschmack des Fisches ziemlich neutral sein und stellt ebenfalls mit der Sättigung kaum einen Vergleich dar, weil der Fisch in sehr dünnen Scheiben und in sehr begrenzter Menge verzehrt wird. Um das Überleben zu verlängern, wurden während der Hungersnotzeiten diese Art Essversuche gemacht.

Fischgeruch

Fisch stinkt. Der Geruch oder Gestank ist ein gelöster Stoff in der Luft, und der Fisch fängt an zu riechen oder zu stinken, wenn er aus dem Wasser herausgenommen wird. Im Wasser verbreiten die Fische keinen Geruch, und je länger der Fisch außerhalb des Wassers lebt, desto strenger wird der Geruch. Dieser Geruch ist verursacht durch den Abbau der Fischproteine. Trockenfische besitzen den intensivsten Geruch, weil ein Trockenfisch über bis zu 70% Fischproteine verfügt. Wenn ein sehr streng riechender Trockenfisch unter Wasser gehalten wird, verschwindet dieser Geruch. Dies bestätigt, dass die Fische an der Luft riechen und zwar in jedem Zustand. Wahrscheinlich dient dieser Geruch als Abwehr, um sich vor den möglichen Gefahren aus dem Land zu schützen.

Der Fischgeruch weist eine negative Bedeutung auf, und es wird versucht, diesem Geruch zu entkommen. Allein wegen des Geruches vermeiden viele Menschen die Fischverarbeitung, Fischzubereitung und Fischkonsum. Setzt sich der Fischgeruch im Wohnbereich oder der Bekleidung erst einmal fest, ist es äußerst schwierig, diesen loszuwerden. Der Fischgeruch von Fischereibooten, Fischtransportfahrzeugen, Fischfabriken, Fischmärkten, Fischläden, Fischtheken, Fischküchen kann niemals beseitigt werden, egal durch welche Reinigungsmaßnahmen.

In chemischer Hinsicht besitzen Fische Trimethylamin (TMA)[I], eine Mischung, die diesen Geruch an der Luft verursacht und bei hoher Konzentration einen unangenehmen Zustand beim Menschen hervorruft. Es ist eine hochmolekulare Verbindung von Carbon, Wasserstoff und Stickstoff. Eine hohe Konzentration von TMA, sogar ab 1ppb[II] ist gesundheitsschädlich.

Fisch ist das einzige sehr streng riechende tierische Produkt. Nahrungsmittel pflanzlicher Herkunft beinhalten keine derartigen unangenehmen Gerüche, ausgenommen die übelriechende Durianfrucht (*Durio zibethinus*) aus Südostasien. Bekanntlich verbreitet keine der über 28.000 aufgelisteten Fischarten einen angenehmen oder

---

[I]Die organische Verbindung der Trimethylamin (C_3H_9N) ist stechend riechend, brennbar, farblos und im Wasser auflöschbar.
[II]ppb=parts per billion (Teile pro Milliarde)

erträglichen Geruch in der Luft. Der Fischgeruch zieht viele Tierarten, wie Nager, Insekten oder Bakterien, in die Wohnbereiche, wodurch noch zusätzliche unhygienische Zustände verursacht werden. Insgesamt braucht der Fischgenuss mehr Vorsichtsmaßnahmen als alle anderen Nahrungsmittel aus pflanzlicher und tierischer Herkunft.

Fischgräten

Fischgräten sind lebensgefährlich. Sie können eine Erstickungsgefahr sehr nahe bringen, verursachen einen qualvollen Zustand, und die bleibenden Schäden können eine langfristige Wirkung hinterlassen. Der Mensch besitzt weder eine Eigenschaft, die Fische zu fangen, noch ist er in der Lage, sorgenlos diese zu konsumieren. Die Fischgräten sind das größte Verhängnis des Fischkonsums für den Menschen. Die sehr kleinen bis sehr großen Gräten können im Hals und Rachen stecken bleiben und verursachen schmerzhafte Zustände, inklusive Todesfälle. Säugetiere, wie Fischottern, Robben, Wale oder Delphine, konsumieren Fische samt Gräten als gewöhnliche Nahrung. Von den Wasservogelarten, wie Fischreiher, Eisvögel, Fischadler oder Kormorane, die Fisch als natürliche Nahrung verzehren, werden die unverdaulichen Nahrungsreste, wie Gräten und Schuppen, als Gewölle[I] ausgewürgt. Der Mensch dagegen kann weder einen Fisch mit Gräten essen noch die unverdaulichen Fischreste als Gewölle auswürgen.

Weltweit, besonders in den Entwicklungsländern, sterben jährlich viele Menschen aufgrund stecken gebliebener Fischgräten im Hals. Kinder sind besonders davon betroffen. Ob diese Unfälle während des Ernährungsvorgangs in den Entwicklungsländern statistisch erfasst werden, ist nicht bekannt. In den Industrieländern wurde diese Statistik in Zusammenhang mit Erstickungsfällen verfasst. Laut eines Berichtes zufolge sterben in der BR Deutschland jährlich 800 Menschen durch Ersticken an verschluckten Fischgräten und Schinkenscheiben.[1] Laut statistischem Bundesamt lag im Jahre 2003 die Ursache der 25%

[I]Die von Greifvögeln und Wasservögeln produzierten Gewölle, bestehen aus unverdaulichen Körperteilen, wie Haut, Haare, Schuppen, Gräten, Knochen, Skelette etc., der Beute. Ein- bis mehrmals am Tag werden die Gewölle durch den Mund ausgewürgt.

verstorbenen Kinder und Jugendlichen bei Haushaltsunfällen am Ersticken durch Rauch, Gräten im Hals und am Verschlucken von Schinkenscheiben.[2] Im Allgemeinen starben im Jahre 2007 in der BR Deutschland 1539 Menschen, verursacht durch nicht näher bezeichnete Fremdkörper in den Atemwegen.[3]

Der Fischverbraucher verfügt kaum über Möglichkeiten den verhängnisvollen Fischgräten zu entkommen. Für die Notsituation, wenn eine Gräte im Hals stecken blieb, gab es unter anderem schicksalhafte traditionelle Methoden, wie das Herunterschlucken von fester Nahrung, z.B. trockenem Brot, oder das Segnen mit Glaubensgebeten, wie dem Blasiussegen.[1]

Als die wachsende Fischfangindustrie auf das Hindernis des Fischkonsums durch Gräten aufmerksam wurde, wurde eine Filetiermaschine erfunden und im Jahre 1921 erfolgreich in Neuengland, USA eingeführt. Die Resonanz der Verbraucher war groß, die Entwicklung ging rasch voran, und neun Jahre später arbeiteten dort 128 Filetierbetriebe.[4] Die Industrie ermöglicht zum Teil einen grätenfreien Fischkonsum, indem die Gräten vor dem Verkauf rausgenommen werden. Die Grätenentfernung vor dem Verkauf ist nur möglich, wenn die Kühlkette vom Fang über die Verarbeitung, den Transport, die Lagerung, den Verkauf bis zur Verwendung bestehen bleibt. Andernfalls wird das Fischfleisch eine rasche Zersetzung antreten. Die Entgrätung erhöht den risikolosen Fischkonsum, und aus diesem Grunde konsumieren viele Menschen Fisch, die ursprünglich wegen der Gräten Fisch vermieden hatten.

Die Entgrätung verursacht eine erhebliche Menge an Abfällen, weil nur die Fischfilets verwendet werden und der Rest aussortiert wird. Die Filetierung verursacht über 30% Abfall aus einem Fisch, der in der traditionellen Wirtschaft als Nahrung angesehen wurde. Filetierte und entgrätete Fische werden in der Regel mehr konsumiert als Fisch mit Gräten, weil hier die Erstickungsgefahr geringfügig ist. Alle diese Entgrätungsursachen erhöhen den allgemeinen Fischverbrauch.

Die Schleimhäute von Mundhöhle und Rachen des Menschen können kaum Widerstand gegen Fischgräten leisten. Die Speiseröhre dagegen besitzt eine kräftige und glatte Muskelwand, aber trotzdem bleiben auch

---

[1]Nach der Überlieferung heilte Blasius von Sebaste (+316) einen Jungen, der wegen einer Fischgräte dem Erstickungstod nahe war. Seitdem galt der Blasiussegen als Abwehrsegen gegen das Ersticken durch Fischgräten (Das ökumenische Heiligenlexikon).

dort die Fischgräten stecken. Die Anatomie der Nahrungsaufnahme des Menschen bewilligt in dieser Hinsicht keinen leichten Zugang von Fisch als Nahrung. Andere höhere Säugetiere, wie Otter oder Robben, fressen Fisch als natürliche Nahrung und weisen einen besonderen Körperbau auf, sei es für die Jagd und Fangzwecke oder für den Verzehr und Verdauungstrakt.

Der traditionelle Fischkonsum basiert auf einem geringfügigen Fang und einem niedrigen Konsum. Hier wurden mühsam die Gräten entfernt und kleinere Mengen an Fisch vorsichtig im Mundwerk zerkaut. Diese kleineren Mengen an Fischkonsum reduzierten auch die Gefahren der Fischvergiftung.

Fischvergiftung und Meeresgifte im Fisch

Eine Fischvergiftung tritt universal auf. Die Meeresgifte oder Meerestoxine entwickeln sich nicht im Fischkörper, sondern gelingen durch die Nahrungskette in den Fisch. Größere Fische fressen kleinere Fische, und die kleineren Fische ernähren sich von Algen und Dinoflagellaten (Plankton), die die toxischen Substanzen entwickeln und speichern. Die Fische können sicherlich ohne Beschwerden die Gifte im Körper aufbewahren, aber der menschliche Körper reagiert auf die kleinste Dosis dieser Toxine.

Zahlreiche Meerestoxine wurden identifiziert, und die häufigsten sind Ciguatoxine, Saxitoxine und Tetrodotoxin. Die Ciguatoxine sind in größeren Rifffischen, wie Barrakuda, Zackenbarsch, Schnapper, Aal, Muräne, Gelbschwanzmakrele, Wolfbarsch, spanische Makrele, sowie bei Fischschwärmen vorzufinden. Ciguatoxine sind verantwortlich für die Fischvergiftung Ciguatera. In den Korallenriffen zwischen dem 35. nördlichen und 35. südlichen Breitengrad sind die größeren Raubfische, die die Ciguatoxine speichern, beheimatet. Saxitoxine lagern sich gewöhnlich in Krebsen, Krustentieren, Miesmuscheln und in Austern an. Tetrodotoxin befindet sich vorwiegend im Drückerfisch, Igelfisch, Kugelfisch und Mondfisch.

Die Meeresgifte sind farblos, geruchlos, geschmacklos und hitzebeständig. Kochen, braten oder grillen beschädigen diese Gifte nicht. Die Symptome der Fischvergiftung sind fatal und beginnen in der Regel 6 bis 8 Stunden nach dem Verzehr. Die meisten Symptome sind Durchfall, Kopfschmerzen, Bauchschmerzen, Übelkeit, Erbrechen, Anquellung, Brennen, Muskelkrämpfe, Schweißausbruch, Schwindelanfall, Juckreiz, Kalt-Warm-Gefühl, ungewöhnliches Geschmacksgefühl, Albtraum und Halluzination. Die Beschwerden der Fischvergiftung können den Menschen von wenigen Wochen bis zu vielen Jahren begleiten. Um den Meeresgiften zu entkommen, rät die US-amerikanische Krankheitsbekämfungsbehörde CDC, vom Verzehr von Fischen wie Barrakuda oder Krustentieren strikt ab.[5]

Außer den im Fischkörper gelagerten Meeresgiften, können andere Giftstoffe wie Scombrotoxin eine Fischvergiftung verursachen. Scombrotoxin wird durch eine bakterielle Verseuchung vieler Fischarten, wie Thunfisch, Makrele, Mahi-Mahi, Bonito, Blaubarsch, Sardine, Sardelle etc, verursacht. Hier zerstören Bakterien Fischproteine, verhindern dadurch den Histaminabbau und entwickeln akute aquatische Toxizität. Die Symptome des Scombrotoxin beginnen innerhalb von wenigen Minuten bis zu 2 Stunden nach dem Verzehr von verseuchten Fischen. Die Symptome der Scombrotoxinvergiftung sind ähnlich wie die der Ciguateravergiftung, und zusätzlich verursachen sie einen Ausschlag am Oberkörper und einen niedrigen Blutdruck.[6]

Fischmehl und Fischöl sind wesentliche Speicher und Ausgangspunkt der Meerestoxine. Fischmehl als Tierfutter ist eine Massenproduktion aus zahlreichen Meeresfischen. Bei der Fischmehlherstellung wird nur Fischöl als Nebenprodukt und Fisch-Emulsion als Abfallprodukt (Düngemittel) gewonnen. Außerdem ist keine bekannte Praxis für die Isolierung der Meerestoxine bei der Fischmehlherstellung vorhanden. Die Gifte landen durch die Nahrungskette in den Wirtschaftstieren, wie Schweine, Hühner, Zuchtfische, wie Lachse, oder auch in Eiern und schließlich beim Verbraucher. Auch das gewonnene Fischöl kann von den Meerestoxinen nicht befreit werden, weil die toxischen Inhalte sehr geringfügig vorkommen.

Fischparasiten und Gesundheitsgefährdung

Fische besitzen Parasiten. Die Fischparasiten sind verschiedenartig und zahlreich vorhanden. Viren, Bakterien, Pilze, Einzeller, Würmer, Blutegel etc. finden Unterschlupf in Flossen, Schuppen, Haut, Unterhaut, Kiemen, Gewebe, Kopf, Augen, Herz, Leber und im Darmbereich des Fischkörpers.[7] Würmer, wie Saugwürmer (Trematoden), Fadenwürmer (Nematoden) und Bandwürmer (Cestoda) können von Fisch zu Mensch übertragen werden, wenn diese roh, halbroh oder unausreichend erhitzt verzehrt werden. Alleine diese Würmer können fatale Wirkungen im menschlichen Körper auslösen.

Bei einer Erhitzung von über 60°C sterben alle Fischparasiten, aber durch unausreichende Innentemperaturen, wie durch das Räuchern, können diese überleben. Die beliebten Rohfischgerichte der fernöstlichen Küche sind den Gefahren der Parasitenübertragung ausgesetzt. Für die Herstellung dieser Rohfischgerichte empfiehlt die amerikanische Nahrungsmittel- und Arzneimittelbehörde FDA die Nutzung von tiefgefrorenen Fischen. Laut FDA sind gefrorene Fische bei -23°C für 7 Tage oder bei -35°C für 15 Stunden parasitenfrei.[8] Aber die häuslichen Kühlschränke und Gefrierschränke können Temperaturen in diesen Minusbereichen nicht erreichen.

Die fischfressenden Tierarten sind nicht von den Fischparasiten gefährdet. Gewöhnlich übernehmen sie die Rolle des Zwischenwirts im Lebenszyklus vieler Fischparasiten. Menschen können ohne Gesundheitsgefährdung die Rolle des Zwischenwirts der Fischparasiten nicht übernehmen, weil Fisch keine natürliche Nahrung für die Menschen ist.

Fisch als gewöhnliche Nahrung

War Fisch eine Grundnahrung für Menschen? Der Naturmensch verfügte kaum über die Möglichkeit, Fisch als Nahrungsquelle zu erkennen. Alle Fische können schneller schwimmen, sich schneller bewegen und besser tauchen als der Mensch. Der Mensch besitzt keine physischen und anatomischen Eigenschaften, um schwimmende Fische im Wasser zu fangen. Ausnahmen, wie Noodling[I] und Trickling[II], um Fische per Hand zu fangen, gehören zu den sehr seltenen Sportarten, die nicht als Fischfang bezeichnet werden können. Der Mensch besitzt keine ähnlichen Eigenschaften wie die Ottern, Eisvögel oder Fischreiher, womit er diese Fische aus dem Wasser herausholen kann. Jede Art von Fischfang benötigt technische Hilfsmittel, wie Angel, Netz oder Reuse, die im Laufe des Zivilisationsprozesses entwickelt wurden. Berufsfischer oder Subsistenzfischer praktizieren keine natürlichen Methoden, um Fische ohne technische Hilfsmittel zu fangen.

Die toten Fische liegen selten am Ufer, so dass die Landtiere diese kaum als Nahrungsquelle vorfinden, weil diese Nahrung für die Fische oder andere Wassertiere bestimmt ist. Das gleiche Bild gilt für die Landtiere. Die toten Landtiere stehen selten für die Wassertiere als Nahrung zur Verfügung. Wissenschaftler haben die Frage gestellt, ob weit vor der Entwicklung der Landwirtschaft das Meer die Menschen ´reichlich und unendlich` mit Fischen als regelmäßige Nahrung versorgt hatte.[9] Eine vorstellbare präzise Antwort in dieser Hinsicht ist nicht möglich, aber die Sammlung der ans Ufer angeschwommenen Tierarten ist selbstverständlich.

Einen leichten Zugang zum Fischkonsum erzielt der Mensch, wenn durch Wassermangel, wie bei einer Dürre oder während der Trockenperiode, große Mengen an Fisch in Gewässern, wie in einem See, Fluss oder Teich, sozusagen auf dem Trockenen schwimmen und leicht gefangen werden können. Diese Art Naturereignisse vermitteln dem Menschen, Fisch als Nahrungsquelle zu erkennen. Allmählich wurde durch die Nutzung von Werkzeugen versucht, selbst Fische in den Gewässern zu fangen. Auch aus diesem Anlass sind viele

---

[I] Welsartige Fische leben in Unterwasserhöhlen und halten sich im vorderen Bereich der Höhle auf, um ihre Umgebung auf mögliche Nahrung hin zu beobachten. Der Taucher, bzw der Noodler taucht bis zu sieben Meter unter Wasser, sucht diese Höhlen und hält seine Hand als Köder davor. Der Wels kommt raus und beißt in die Hand. In diesem Moment fährt der Noodler mit seinen Fingern durch die Kiemen und holt so den Fisch aus dem Wasser heraus. Das Noodling ist mit vielen Gefahren verbunden, weil in den Wasserhöhlen nicht nur welsartige Fische leben, sondern auch giftige Wasserschlangen. (K. Sutton; Noodling for Catfish in ESPN Outdoors, ESPN Internet Ventures 2007).
[II] Trickling wird verübt, um Forellen zu fangen. Der Taucher streichelt den Forellenbauch von unten. Die Forelle springt daraufhin aus dem Wasser heraus. (An archive of World War II memories, BBC London 2007)

Siedlungen an Ufergebieten zustande gekommen. Sammler und Jäger verwendeten verschiedene Methoden um Fische zu fangen. Die Erfolge waren jedoch unterschiedlich. Hatten sie zufriedenstellende Erfolge, wurden sie im Laufe der Zeit Berufsfischer und versuchten damit ihren Lebensunterhalt zu verdienen. Rund um die Welt sind Fischerdörfer am Gewässerufer vorzufinden, und deren Siedlungsgeschichte ist genauso alt wie deren Fischfanggeschichte.

Fisch war nie die erste Grundnahrung für irgendeine Volksgruppe. Alle bekannten Hungersnöte von der Antike bis zur Neuzeit beruhten auf dem Mangel an Nahrungsmitteln pflanzlicher Herkunft. Selten lag es am Fleischmangel, wie für die Menschen oberhalb des Polarkreises. Es ist nicht bekannt, dass die Ursachen eines bestimmten Nahrungsmangels, der Unterernährung oder eine Hungersnot am Mangel des Fischvorkommens lagen. Als zwischen den Jahren 1845 und 1849 eine große Hungersnot in Irland ausbrach, starben tagtäglich tausende von Menschen an Hunger. Während dieser Hungersnot starben eine Million Menschen, wanderten zwei Millionen Menschen aus dem Lande aus, und die Bevölkerung schrumpfte von acht auf fünf Millionen Menschen. [10] Die irische Küste war voller Fische und es wurden keine Versuche unternommen, Fische zu fangen und damit das Überleben zu verlängern.[11] Es war sicherlich nicht bekannt, dass der Fisch eine gewöhnliche Nahrung sein konnte, oder es fehlte an technischen Hilfsmitteln, um die Fische zu fangen. Stattdessen wurde versucht, Getreide bzw. Mais aus den USA und Kanada mit Segelschiffen zu importieren, was wiederum viel mehr Aufwand in der Seefahrt verursacht als der Fischfang an der Küste.

Während der großen Hungersnöte in der Volksrepublik China gab es keine nennenswerten Hinweise darauf, dass Fisch als Nahrungsersatz eingesetzt wurde. In der letzten großen Hungernot von China zwischen den Jahren 1958-1961 starben zwischen 20 Millionen und 40 Millionen Menschen an Hunger.[12] Es ist nicht bekannt, dass irgendein Versuch unternommen wurde, das hungernde Volk mit Fischen aus der Natur zu versorgen. Drei Jahrzehnte später wurde China die größte Fischfangnation der Welt. Eine alter chinesischer Spruch lautet:

„Gib einem Mensch einen Fisch, er wird heute essen. Bringe ihm fischen bei, er wird nie hungern".

Dieser altertümliche Spruch vermittelt den Gedanken, dass die Menschen die Kunst des Fischfangs selten besaßen, und wenn jemand diese Kunst beherrschte, hatte er damit nur sich ernährt. Um eine Nahrungskonkurrenz zu vermeiden, wurde sicherlich die Fischfangkunst selten weitergegeben.

Im Altertum spielte Fisch als Nahrungsmittel keine bedeutende Rolle, und demzufolge lag der jährliche Pro-Kopf-Fischproduktion bis zu Beginn des motorisierten Zeitalters unterhalb der ein Kilogrammgrenze. Aufgrund des Mangels an Fischvorrat war der Konsum niedrig, und Fisch war nicht überall und jederzeit erschwinglich. Als die Produktion stieg, vervielfachten sich die Verwendungsmöglichkeiten, und der Mensch fing an zu behaupten, dass der Fischfang und Fischkonsum für die Menschheit ein Naturrecht sei.

Antike und herkömmliche Fangmethoden

Viele Angaben über den antiken Fischfang sind dubios. Kulturanthropologen und viele andere Geschichtsforscher versuchen zu beweisen, wie Fischer aus der Antike die Fähigkeiten des Fischfangs gemeistert hatten. Aber, wie auch immer, Fisch wurde in keinen der alten kulturgeschichtlichen Schriften als gewöhnliche oder bedeutende Nahrung erwähnt, und Beispiele, wie ein Ernteausfall durch den Fischfang überwunden wurde, sind nicht bekannt.

Der Begriff Fisch definiert gleichzeitig den Fischfang. Ohne den Fang sind die Fische wilde Tiere und stellen keine Bedeutung als Nahrung dar. Erst als die Nutzung von Werkzeugen zustande kam, fing die Menschheit an, Fische als Nahrungsquelle zu erkennen. Als erstes Fischfanggerät könnte man eine Art Reuse ins Auge fassen. Dieses tonnenförmige oder kegelförmige Gerät kann aus einfachen Baumaterialien, wie Stöcken, Wurzeln oder Schilf, geflochten werden. Die Reusen wurden von allen Völkern der Welt als Fischfanggerät verwendet. Im tiefen Wasser wurden geschlossene Reusen mit einer trichterförmigen Öffnung als Einlaufstelle für die Fische hingestellt, und im niedrigen Gewässer wurden Reusen mit breiter Öffnung angewendet. Als Fortsetzung der Reusenherstellung wurden mit noch wendigerem Material, wie Pflanzenfasern, Netze geknotet. Der Einsatz der Fischernetze brachte eine neue Möglichkeit, um Fische als Nahrungsquelle zu erkennen. Die Knotentechnik wurde das Handwerk der Fischer, und die gefangenen Fische wurden deren Ernte. Die gesamten fischreichen Küstengebiete wurden nach und nach von Fischern bevölkert. Zuerst wurde die Fischerei als Nebenwirtschaft praktiziert und später als Subsistenzwirtschaft. Als die Menge des Fanges größer als der Eigenbedarf wurde, versuchte man diese mit anderen Gütern zu tauschen. Da die Fische sehr verderblich sind, wurden von Anfang an die Überschüsse in der Sonne oder über dem Feuer getrocknet. Die getrockneten Fische gaben den Impuls für den Handel, und so wurden mehr Fische gefangen, als für den Eigenbedarf nötig waren.

Die Angeltechnik war eine spätere Entwicklung, weil die Angelschnur und der Angelhaken eine bessere Beschaffenheit forderten. Zusätzlich wurden zu den Reusen und Netzen Speere, Pfeile und Harpunen als Fischfanggeräte eingesetzt. Natürliche Möglichkeiten, Fische zu fangen, wie nach einer Überschwemmung, nach einem wolkenbruchähnlichen Regen, wobei sich provisorische Rinnsale bildeten und Fische dort schwammen, oder während einer Dürre, wobei die Gewässer austrockneten, sind außergewöhnliche Naturerscheinungen, und die Menschen waren selten davon abhängig.

Die sich wandelnden Verbesserungen der Fangmethoden machten den Menschen dauerhaft vom Fischfang abhängig. Berufe, wie Hersteller von Reusen, Netzen, Angeln und Fischerbooten, kamen zustande. So entwickelten sich Trockenfischhändler, die sich nicht mit dem Fischfang auskannten, aber dennoch vom Fischfang abhängig geworden sind, und durch den Trockenfisch lernten die Menschen das Fischessen kennen, bei denen es keine Fische gab. Frische Fische waren für den lokalen Konsum bestimmt und getrocknete Fische für den weiten Handel. Zusätzlich wurde auch mit Fischnebenprodukten gehandelt, wie Fischöl, Fischfett und mit Fischeiern, wie Kaviar.

Trotz der fortgeschrittenen Verbesserungen der Fischfangmethoden blieb die weltweite Fischerei im traditionellen Zustand. Selbst die europäische Walfangflotte war bis zum 19. Jahrhundert traditionell geprägt, indem sie Segelschiffe, einfache Boote und von Hand geworfene Harpunen als Fischfangutensilien benutzten. Die traditionelle

Fischerei blieb an ihrer Grenze. Trotz des wachsenden Fischkonsums im 18. und 19. Jahrhundert gab es kaum Gefahrenmeldungen, dass sich der Fischbestand in irgendeinem Gewässer drastisch reduzierte.

Die technischen Errungenschaften ab dem letzten Viertel des 19. Jahrhunderts brachten schrittweise neue Änderungen in der Fischfanggeschichte. Motorisierte Schiffe und Boote, große Laderäume für den Fang, Kühlung, schnellere Transporte und moderne Fanggeräte ermöglichten der Fischerei, immer mehr Fische zu fangen, und daraufhin fand die Industrie immer mehr Verwendungen, um den Fisch als Rohstoff zu deklarieren.

Die industriellen Fischfangmethoden

Die gesamte Industrie wurde eingesetzt, um Fische in den wilden Gewässern zu fangen. Die Ausrüstung der Industriefischerei besteht aus diversen Netzen, Angeln, Harpunen, Reusen, Fangschiffen, Schleppern, Trawlern, Schnellbooten, Hubschraubern, Flugzeugen, elektronischen Fischortungsgeräten, FAD, Satellitennavigation, elektrischem Licht, elektrischem Strom, Narkosemitteln, giftigen Chemikalien, Dynamit, Wasserpumpen und vielen anderen zusätzlichen Geräten und Werkzeugen.

Die bedeutenden und am häufigsten verwendeten Fischernetze der Industriefischerei sind die Treibnetze, Schleppnetze, Dredges und Ringnetze. Die Treibnetze werden mit Hilfe von Bojen senkrecht ins Wasser gesetzt. Die Netze verfügen über eine Tiefe von über 10 Metern und einer Länge von mehreren Kilometern. Die durchsichtigen Netze hängen von der Wasseroberfläche in die Tiefe wie Vorhänge und fangen pelagische Schwimmfische und alle anderen möglichen Wassertiere, inklusive Seevögeln. Aus diesem Anlass bestimmte eine UN-Resolution aus dem Jahre 1992, dass alle Treibnetze auf hoher See nicht länger als 2,5 km sein dürfen. Bis zu diesem Zeitpunkt waren die Treibnetze weit über 12 km lang. Die Fische schwimmen den durchsichtigen Netzen entgegen, kommen nicht weiter und bleiben mit ihren Kiemen im Netz hängen. Die Treibnetze werden von Booten und

Schiffen verlegt und in der Regel innerhalb eines Tages geleert. Die Anwendung von Treibnetzen findet in allen Gewässern statt. Die Schleppnetze werden dagegen vorwiegend vom Küstengewässer bis zur hohen See eingesetzt. Die Schleppnetze sind trichterförmig, verfügen über eine Öffnung von 50-70 Metern, sind 80-120 Meter breit und erstrecken sich über eine Länge von bis zu 2 km. Das andere Ende des Netzes besteht aus einem großen Sack, in dem sich die Fische anhäufen. Für den Fang von Pelagialfischen wird das Netz zwischen 50-500 Metern Tiefe von einem langsam fahrenden Schiff geschleppt.

Für die Bodenfischerei müssen die Netze über den Meeresboden gezogen werden, da die Bodenfische, wie Plattfische, Hummer, Krebse oder Zahnfische, sich am Boden aufhalten. Die Schleppnetze für die Bodenfischerei werden Dredges genannt. Die Dredges sind kantenförmige Netze, die anstelle von Kunststoff aus Metall bestehen, da ansonsten schwere Bodengegenstände, wie Steine, die Netze beschädigen könnten. Die Netze können, je nach Tiefe des Meeres, verlängert werden. Die Dredges können eine Tiefe von über 2000 Metern erreichen und erfolgreich den Meeresboden durchsieben, um dort befindliche Fische zu erbeuten.

Die Ringnetze verfügen über ein Öffnungssystem, wie bei einem Geldbeutel. Um die pelagischen Schwarmfische, wie Sardinen oder Sardellen, zu fangen, werden die Netze von ein oder zwei Schiffen geschleppt. Darüber hinaus werden eine große Auswahl von verschiedenen Netzen, wie Sprungnetze, Gillnetze, Trommelnetze, Fallnetze etc., für die moderne Industriefischerei verwendet.

Als die Angelhaken aus Metall noch nicht im Einsatz waren, benutzte man mühsam wenig erfolgbringende Haken, die aus Knochen und dornigen Pflanzen hergestellt wurden. Die metallischen Angelhaken und die synthetische Angelschnur ermöglichten eine neue Art der Angelfischerei, indem eine Vielfalt von Angeln für alle Fischfangbereiche angeboten werden konnten. Auf einer kilometerlangen Leine, genannt Langleine, werden Angelhaken mit Ködern ausgeworfen oder Angelhaken mit Ködern werden von Schiffen und Booten durchgeschleppt. Einer anderen Angelart zufolge werden Hakenleinen in unterschiedlichen Längen von einem Schiff aus ausgeworfen, um Fische von der Wasseroberfläche bis in die Tiefe zu fangen. Angeln ist die einfachste Methode des Fischfangs, und so wird diese Methode für den aktiven und den passiven Fischfang verwendet. Beim passiven

Angeln werden in allen möglichen Gewässern Angelhaken mit Ködern ausgelegt, der Angler bleibt abwesend und kontrolliert regelmäßig die Angeln.

In den Korallenriffen und in bestimmten Gewässern, wo die Fischkonzentration größer ist, werden Giftstoffe, wie Zyankali, als Fischbetäubungsmittel verwendet. Diese Art Narkotisierungsfischfang wird praktiziert, um lebendige Fische für den Nahrungsmarkt und Zierfische für die Welt der Aquarien zu liefern. Durch Zyankali betäubte Fische werden später im Frischwasser wieder aufgeweckt. In der Regel stirbt der Großteil dieser Fische sofort nach dem Fang oder während des Transportes.

Die Anwendung von Dynamit als Sprengstoff für den Fischfang ist sehr weit verbreitet. Diese Art Unterwasserexplosionen verursachen eine Schockwelle, wodurch die in der Umgebung befindlichen Fische sofort tot oder bewusstlos auf der Wasseroberflache treiben und per Hand eingesammelt werden können. Dynamitfischerei wird vorwiegend in der Wildnis bzw. weit entfernt von einer Siedlung praktiziert.

Elektrischer Strom fließt auch durch Wasser. Mit diesem Grundwissen wird versucht, erfolgreich Fische zu fangen. Das Wasser wird unter Strom gestellt, und die dort befindlichen Fische bekommen einen plötzlichen Muskelschwund und werden eine leichte Beute. Diese Art Fischfang wird auch als Galvanonarkose bezeichnet. Besonders für die Jagd von Plattfischen, die sich unter dem Sand und Schlamm am Boden verstecken, ist diese Methode sehr erfolgreich. Durch die elektrische Welle springen die Plattfische sofort aus dem Wasser und können leicht gefangen werden. Betroffen sind dabei nicht nur die gezielten Fische, sondern alle anderen Lebewesen in jeder Größe.

Elektrisches Licht wird verwendet, um Fische in der Nacht zu fangen. Durch ein starkes Licht werden die Fische sozusagen hypnotisiert. Besonders große Fische werden auf diese Weise gefangen. Bei der Erscheinung eines strahlenden Lichts in der Dunkelheit bleibt der Fisch an der Lichtstelle stehen und kann so leicht harpuniert werden. Von einer kleinen Taschenlampe bis hin zum starken Flutlicht werden alle Lichtquellen für diese Art Fischfang angewendet.

Die Wasserpumpe dient auch als bedeutendes Fischfanggerät, indem das Wasser aus einem Teich oder See abgepumpt wird und anschließend der dort vorhandene Fischbestand vollständig ausgefischt wird. Die Wasserpumpe, die besonders für die landwirtschaftliche Bewässerung zuständig ist, dient auch als Fischfanggerät, wenn diese nicht gerade das Ackerland bewässert. Auch kommerzielle Entwässerungspumpen werden für diese Zwecke eingesetzt. Seit der Erfindung der Wasserpumpe wurden weltweit wilde Seen und Teiche abgepumpt und auf diese Weise erfolgreich Fischfang durchgeführt.

Die Wasserpumpen werden nicht nur zum Wasser pumpen eingesetzt, sondern auch, um Fische samt Wasser zu pumpen. Bei großen Pelagialschwärmen von Kleinfischen, wie den Sardellen, wird das Wasser zusammen mit den Fischen abgesaugt. Das Wasser fließt weiter zurück ins Meer, und die Kleinfische bleiben an Bord des Fangschiffes.

Der FAD (Fish Aggregating Device) ist eine neue Entwicklung im Bereich der Ozeanfischerei. Die pelagischen Schwimmfische, die durch die Ozeane wandern, interessieren sich für die schwimmenden Dinge im Wasser, wie ein Stück Holz, ein Schiffstau oder ein leeres Fass, und sammeln sich rings um diese Schwimmobjekte. Der moderne Fischer nutzt dieses Wissen aus und baut verankerte Schwimmkörper in die Gewässer. Viele dieser FADs sind mit Sonargeräten ausgerüstet, die wiederum mit GPS in Verbindung stehen. Mit Hilfe des GPS kann die Fangflotte solche FADs anpeilen, wo sich eine Menge an pelagischen Fischen angesammelt hat und schließlich fette Beute an Bord holen. Die FADs werden mittlerweile weltweit in fast allen Gewässern verbreitet, und der Verbreitungstrend ist stark zunehmend.

Außer der erwähnten kommerziellen Fangmethoden sind weltweit zahlreiche andere bekannte und unbekannte Fischfangtaktiken vorzufinden. Für die kommerzielle Fischerei sind die Fangschiffe, Boote, FADs, Fluggeräte, Fischortungsgeräte (Fishfinder) von großer Bedeutung. Die Gesamt-Tonnage der weltweiten Fangflotte ist nicht bekannt. Von einem einfachen Handruderboot bis zu sehr modernen Fangschiffen ist die Welt-Fischfangflotte ausgerüstet. Schätzungsweise über 4 Millionen Schiffe und Boote gehören zu dieser Flotte, und 1,3 Millionen davon sind bedeckt und voll motorisiert. Die restlichen 2,7 Millionen sind unbedeckte motorisierte Fischerboote.[13]

Von den Küstengewässern bis hin zur Hochsee sind die Fangschiffe und Fangboote derart unterschiedlich ausgerüstet, dass ein Vergleich auf der Ebene der Fangmenge oder Fangkapazität äußerst schwierig ist. In der Regel verfügen die reichen Nationen über die modernste Fangflotte mit großer Tonnage, und deshalb ist die Flottenanzahl sehr geringfügig. Die Fangflotte der Entwicklungsländer hingegen ist ziemlich groß und von sehr einfachen Ruderbooten bis zu modernen Fangschiffen ausgerüstet. Gleichzeitig bauen die meisten der großen Fischfangländer die großen Fangschiffe selbst. Länder wie Japan, USA, Russland, Spanien und Peru bauen über 60% ihrer über 100 BRT Kapazität Fangschiffe selbst.[14] Gleichzeitig bauen Japan, USA, Peru und Polen über 90% der gesamten Schiffe der eigenen Fangflotte.[15] Viele der Küstenländer hingegen, wie die meisten Länder des afrikanischen Kontinents, sind nicht in der Lage, die entsprechenden Fangschiffe zu bauen oder zu kaufen. Trotz vorhandener fischreicher Küste praktizieren diese Länder einen sehr begrenzten Fischfang.

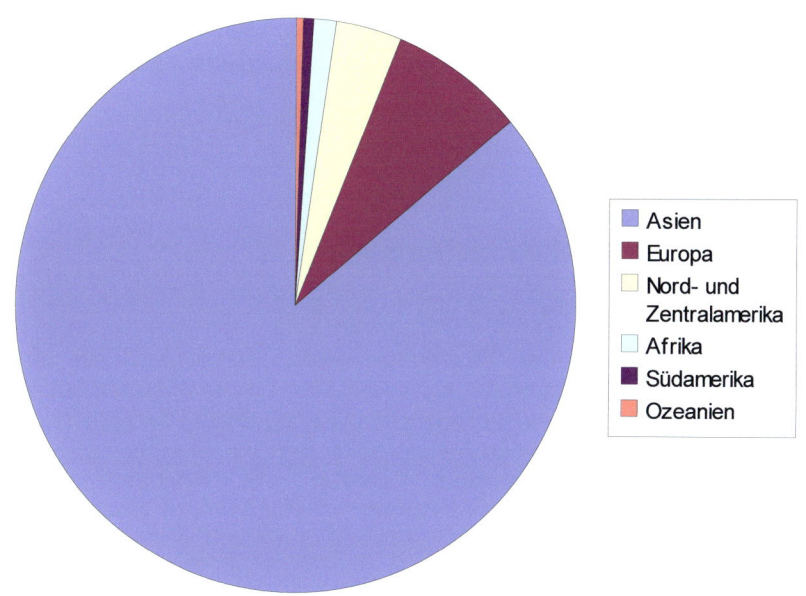

Abbildung 1: Verteilung der bedeckten Fangschiffe für das Jahr 2006

Quelle: FAO; Fisheries Statistical Information, Fleet, Rome 2009

Über 86% der weltweiten bedeckten Fangflotte gehören zu den asiatischen Staaten, die gleichzeitig über 70% der Fänge ausmachen. Hier leben über 65% der Weltbevölkerung, und der Fischereisektor ist von der traditionellen Subsistenzwirtschaft bis zum modernen exportorientierten Fischfang ausgedehnt.

Die Industrieländer besitzen einen Flottenbestandsanteil von 12%, der sehr modern ausgerüstet ist und fangen ein bedeutendes Kontingent an jährlichen Fangmengen. Afrika besitzt nur 1,3% des Welt-Flottenbestandes. Länder wie Südafrika, Nigeria, Senegal und Morokko besitzen eine bedeutende Anzahl an Fangschiffen. Ansonsten profitiert die gesamte Fischereiindustrie in Afrika wenig von dem kommerziellen Fischfang. Südamerika, Neuseeland und Australien verfügen zusammen über knapp 1% des Welt-Flottenbestandes. Hier konzentrieren sich die Fänge auf den peruanischen Anchovisfang und auf die neuseeländischen und australischen Thunfisch- und Zahnfischfänge. Ansonsten konzentrieren sich die Menschen dieser beiden Kontinente mehr auf die Landwirtschaft als auf die Fischereiwirtschaft.

Unterschiedliche Fischereiarten

Je fachkundiger der Fischfang, desto unterschiedlicher sind die Fangarten. Seit Beginn der kommerziellen Fischerei spezialisierten sich die Fischereiarten auf verschiedene Fanggebiete, Fangmethoden und Fangarten. Die weltweite Fischerei kann in dieser Hinsicht in folgende Hauptbereiche eingeordnet werden: 1) Hochseefischerei, 2) Küstenfischerei, 3) Binnenfischerei, 4) Hobby- und Sportfischerei, 5) Subsistenzfischerei.

Hochseefischerei
Sie fischt auf hoher See. Mit großen Schiffen ist sie auf dem offenen Meer unterwegs. Gewöhnlich besitzen diese Schiffe eigene Fischverarbeitungsfabriken, Kühl- und Einfriermöglichkeiten. Bis die Laderäume gefüllt sind, bleiben die Schiffe monatelang in den Fangbecken bestimmter Fischsorten. Die Fabrikschiffe sind die Produktionsstätten, die keine Gebühren und Kosten für den Rohstoff

bezahlen müssen. Der Einsatz dieser Wasserfahrzeuge bedeutet fischen in der Wildnis, in sogenannten Niemandsgewässern, wo Gesetze und Kodexe nicht verfolgt werden können. Die Hochseefischerei ist eine der sehr erfolgreichen und Gewinn bringenden Industrien.

Küstenfischerei

Auf kleinen Schiffen, mit einer Länge von ca. 20-30 Metern, wird in der Küstennähe gefischt. Je nach Fang kehren die Schiffe binnen einiger Tage zu den Häfen zurück, liefern die Fänge ab und setzen die Fahrt fort. Das Areal der Küstenfischerei ist die Küstennähe inklusive der Flussmündungen. Alle möglichen Wasserfahrzeuge finden hier ihren Einsatz, und alle möglichen Fangmethoden werden angewendet. Fischtrawler benutzen Schleppnetze und praktizieren erfolgreich die Bodenfischerei. Die industrielle Küstenfischerei ist als die umweltschädlichste und berüchtigtste Fischerei einzustufen.

Binnenfischerei

Bekannt als die vergessene Fischerei, die in den letzten 100 Jahren dramatisch zurückgegangen ist. Die Flüsse, Seen und Teiche waren ursprünglich die wichtigsten Fischfanggebiete. Durch die Industrialisierung und Wasserverschmutzung ist der Fischbestand drastisch reduziert worden. Zusätzlich trug die Überfischung ihren Beitrag dazu bei, die traditionelle Binnenfischerei weitgehend zu vernichten. Der Mangel an Artenvielfalt und die zunehmende Gewässerverschmutzung bieten in absehbarer Zukunft kaum Chancen für die Binnenfischerei.

Hobby- und Sportfischerei

Der Hobby- oder Sportfischer ist von der Fischfangtätigkeit finanziell nicht abhängig. Er verfolgt ein einziges Ziel, die Fische zu fangen. Die Charakteristiken der Hobbyfischer unterscheiden sich nach Wohlstand des Landes. In einem wirtschaftlich schwächeren Land ist das Ziel der Hobbyfischer primär, Nahrung zu gewinnen, hingegen fischt der wohlhabende Hobbyfischer, um ein Prachtexemplar einer Fischart zu angeln.

Eine weltweite Statistik der Hobbyfischer ist nicht verfügbar. Laut des US-amerikanischen Anglerverbands ASA (American Sportfishing Association) fischen 12% der US-Bürger in den Binnengewässern und

5% fischen in den küstennahen Gewässern. Insgesamt 17% bzw. 51 Millionen US-Bürger können als Hobbyfischer bezeichnet werden. Hiervon sind 40 Millionen Angler und üben das Angeln als sportliche Tätigkeit.[16] Wegen der großen Küstenlinie und den großen Binnengewässern verfügen zum Beispiel Bangladesh, Indonesien, Philippinien oder Norwegen durchschnittlich über viel mehr Hobbyfischer als die USA. Wenn die US-Norm von 17% Hobbyfischern auf die Weltbevölkerung übertragen werden würde, würde die Möglichkeit bestehen, von der 7 Milliarden Weltbevölkerung 1,2 Milliarden Menschen theoretisch als Hobbyfischer zu bezeichnen.

Die Sportfischerei hat in dem Sinne mit dem gewöhnlichen Fischfang kaum etwas gemeinsam, weil das Ziel des Sportfischens nicht ist, den Fisch als Nahrung zu erwerben. Gewöhnlich fängt der Sportfischer einen Fisch, um eine sportliche Tätigkeit auszuüben. Häufig werden die Fische unmittelbar nach dem Fang wieder ins Wasser geworfen. Die Ausnahme tritt ein, wenn sich ein großes gewinnbringendes Prachtexemplar im Netz oder an der Angel befindet. Oft ist die sogenannte Sportfischerei gewinnorientiert. So kostet zum Beispiel ein Bluefin Tuna bzw. Roter Thun (*Thunnus thynnus*) auf dem japanischen Sashimi-Markt bis zu 1000 US$ pro Kilogramm. Weil dieser Fisch zur Rarität geworden ist und das Fischfleisch für die Herstellung von Sushi und Sashimi verwendet wird, kosten bis zu 900 kg wiegende Prachtexemplare des Roten Thun mehrere hunderttausend US-Dollar. Dies ist eine bedeutende Summe für Sportfischer, und aus diesem Anlass sind viele der sogenannten Sportfischer mit Yachten jeder Größe unterwegs. In den Fachkreisen wird ein ausgewachsener Roter Thun mit einem Ferrari verglichen, weil der Sportwagen Ferrari in den Maßen und Preisen identisch ist. Sportfischer sind von einem kleinen Fischteich bis zur hohen See tätig und verwenden, je nach Wohlstandsstatus, die Fangutensilien.

Subsistenzfischerei
Der traditionelle Fischer war ein Subsistenzfischer, der jahrtausendlang den Fischerberuf ausübte. Anders als Sportfischer fischen die Subsistenzfischer in den Binnen- und Küstengewässern. Beim kleineren Erwerb handelt es sich um die Selbstversorgung. Die industrielle Küstenfischerei und die Gewässerverschmutzung sind für den Rückgang der Fischbestände verantwortlich. Armut und Unterentwicklung dominieren das gegenwärtige Leben der Subsistenzfischer. Eine Sanierung und Rehabilitierung ist nicht in Sicht.

Berufswechsel ist die einzige vorstellbare Perspektive der Subsistenzfischer.

Berufsfischer und das Recht zu fischen

Das Recht zu fischen ist ein ständiger Streit zwischen Fischer und Naturschützer. Fischer ist ein Beruf wie alle anderen Berufe und es geht darum, damit den Lebensunterhalt zu verdienen. Die einfachste Prophylaxe, um die Fischbestände in der Natur zu schützen, ist die Einstellung bzw. der Verzicht der Fischereitätigkeiten. Fischen und gleichzeitig die Fische schützen, ist ein ambivalenter Vorgang. Die Fische befinden sich in unsichtbarer und unkontrollierbarer Weite, und die Menschen verfügen über keinen Zugang, um deren Bestand und Lebensraum zu überblicken. Aus dieser Einstellung ist ein kontrollierter und mäßiger Fischfang in der Natur schwer durchführbar. Naturschützer und Meeresforscher verlangen ein reduziertes bis vollständiges Fangverbot in bestimmten Gewässern. Trotzdem ist der Fischereiberuf zu einem unverzichtbaren Beruf geworden, weil Fisch mittlerweile zu den gewöhnlichen Nahrungmitteln der Weltbevölkerung gehört.

Die Lage der Berufsfischer

Aufgrund der ständig wachsenden Fischproduktion und des Konsums nimmt die Zahl der Fischer und Fischzüchter zu. Vor 50 Jahren war die Fischzüchtung ein Nebenerwerb, inzwischen wurde diese als signifikanter Hauptberuf bestätigt. Die Fischindustrie ist in der Gegenwart ein bedeutender Arbeitgeber und beschäftigte im Jahre 2009 weltweit über 45 Millionen Menschen als Fischer und Fischzüchter. Dies ist eine über 60 prozentige Steigerung im Vergleich zum Jahre 1990.

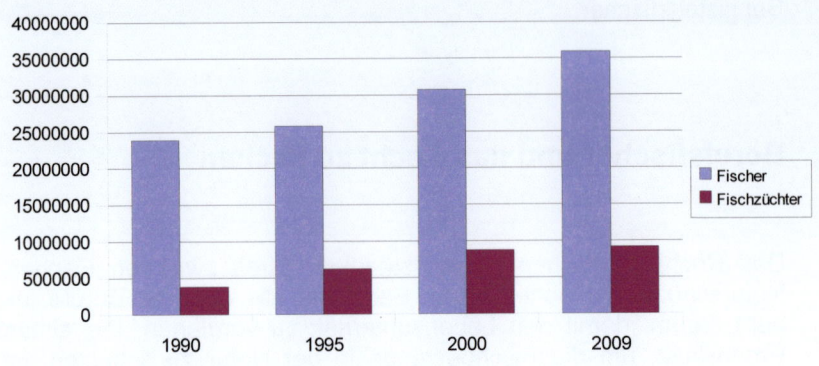

Abbildung 2: Berufsentwicklung als Fischer und Fischzüchter zwischen 1990 und 2009

Q: FAO; Fisheries & Aquaculture Department, Rome 2010

Zwischen den Jahren 1990 und 2009 lag das durchschnittliche Jahreswachstum der Fischer bei 3,4%. Bis zum Jahre 2004 wurde dieses Wachstum jährlich um 0,5% rückläufig. Diese Entwicklung ist jedoch nur in den Industrieländern vorzufinden. Das lag nicht am Produktionsrückgang der Fischereiindustrie, sondern an der Modernisierung der Fangflotte, den Fangmethoden und vor allem an der Automatisierung in dieser Branche. Dazu kommen noch mitwirkende Faktoren, wie zunehmende Fischimporte und der Mangel des Interesses am Fischerberuf, in dem im Vergleich zur harten Arbeit ein geringfügiges Einkommen erzielt wird. Die Rückläufigkeit der Fischerberufe in Japan liegt hauptsächlich an den zunehmenden Fischimporten für den einheimischen Verbrauch. Die Zahl der Berufsfischer in Japan nimmt ab, und die Altersgrenze der Fischer steigt ständig an. Anhand einer Studie aus dem Jahre 2003 waren über 47% der japanischen Fischer über 60 Jahre alt. Diese Zahl ist 23% höher als im Jahre 1988. Gleichzeitig lag die Zahl der Fischer in Japan im Jahre 2003 unter der Altersgrenze von 40 Jahren nur bei 13%.[17] Da der Fischerberuf auf nationaler Ebene abnimmt, heuert Japan unter dem sogenannten ´Maruship-Agreement` Fischer aus den Entwicklungsländern an, die auf der unter der japanischen Flagge fahrenden Fangflotte beschäftigt werden.

Im Gegensatz zu den rückläufigen Berufsfischerbeständen der Industrienationen steigt die Zahl der Fischer in den Entwicklungsländern ununterbrochen an und verursacht somit ein allgemeines Wachstum des weltweiten Berufsfischerbestandes.

Die globale Zahl der Berufsfischer und der Fischfarmer stand im Jahre 1990 bei 27.737.000, und 19 Jahre später, im Jahre 2009, stieg diese Zahl auf 45.758.000 an, eine Steigerung von 65%. Von diesen knapp 45,8 Millionen Fischer leben über 40 Millionen bzw. 88% in Asien und von diesen wiederum über 13 Millionen bzw. 30% in der VR China. Von den über 13 Millionen Fischern aus der VR China sind 4,8 Millionen Fischfarmer und 8,6 Millionen arbeiten als Fischer. Von den 45,8 Millionen weltweiten Fischern sind 20% Fischfarmer und 80% Berufsfischer.[18]

Berufsfischer ausgewählter Länder in den Jahren 1990 und 2009

Länder	1990	2009	Wachstum
VR China	9092926	13365546	47,00%
Indonesien	3323135	4552694	37,00%
Peru	43750	77436	77,00%
Japan	393600	197330	-50,00%
Norwegen	20475	12715	-38,00%

Q: FAO World Review of Fisheries & Aquaculture, Rome 2010

Zwischen den Jahren 1990 und 2009 hat die Zahl der Beschäftigten in der Fischzucht im Jahresdurchschnitt um über 4,7% zugenommen. Dieses Wachstum liegt primär an der global wachsenden Nachfrage nach Zuchtfischen. Die Fischzucht unterscheidet sich vom Fischfang in den wilden Gewässern. Es handelt sich um dasselbe Produkt, obwohl die Produktionsbereiche in der Tat völlig unterschiedlich sind. Der Fischerberuf ist eine Jagdtätigkeit, und der Fischzüchterberuf ist eher mit der Landwirtschaft zu vergleichen, indem der Fischzüchter die Zuchtfische füttern, pflegen und für deren Nachwuchs sorgen muss.

Außerdem steht die Produktion und das Wachstum der Zuchtfische unter der Kontrolle der Fischzüchter.

Die Industriefischerei schafft viele Arbeitsplätze und verursacht gleichzeitig große Erwerbslosigkeit. Der traditionelle Fischerberuf ist in diesem Zusammenhang direkt von der Industriefischerei betroffen. Entlang der Welt-Meeresküste befinden sich mehr als 570.000 Fischerdörfer, und mehrere Millionen traditionelle Fischer verdienten dort ihren Lebensunterhalt. Seit Beginn der Industriefischerei mit Trawlern sind die Fischbestände in der Küstennähe erheblich zurückgegangen, und die Praktizierung des traditionellen Fischerberufs wurde zunehmend unrentabel. Außerdem verkaufen viele Regierungen der ärmeren Länder Fischereilizenzen an ausländische Fischereiflotten, die bis in die Küstennähe fischen dürfen und so die Existenz des traditionellen Fischers noch erschweren. Ein Beispiel: Die Regierung von Guinea-Bissau verkaufte die Lizenzen für den Thunfischfang in ihrer exklusiven Wirtschaftszone an die französische und spanische Fischfangflotte, verdiente damit weniger als 1% des Gesamtwertes des Fanges, und gleichzeitig erschwerten sie so das Leben der einheimischen Fischer.[19] Andererseits erschweren viele internationale Maßnahmen, wie das UN-Fischbestandsabkommen oder IUU, das Leben der traditionellen Fischer, weil sie darüber nicht informiert sind und gleichzeitig ein Verbot des Fischens gefordert wird.

Die Einstellung des Fischens in bestimmten Fanggebieten oder die Schonzeiten für bestimmte Fangbecken führen ebenfalls zur Arbeitslosigkeit der Fischer. Als im Jahre 1992 der Kabeljaufang im Nordatlantik eingestellt wurde, wurden alleine an der Ostküste Kanadas über 30.000 Menschen arbeitslos, da sie direkt oder indirekt mit der Kabeljaufischerei verbunden waren.[20]

Die Fischereiverwandten Berufe

Die Fischerei verwandten Berufe sind zahlreich und wachsen im Verhältnis zum Umfang der Fischproduktion. Schiffbau, Bootsbau und Motorenbau sind die bedeutenden Produktionszweige des kommerziellen und nicht-kommerziellen Fischfangs. Die Produktion von Fischfanggeräten, wie die Herstellung von Netzen und anderem Fischereizubehör beschäftigen Millionen von Arbeitskräften und erzielen bedeutende Umsätze für die nationale Wirtschaft. Die US-amerikanischen Sportangler investieren zum Beispiel jährlich 40 Milliarden Dollar, um ihren Angeltätigkeiten nachzugehen, und der

Einzelhandel für Sportfischer bewirtschaftet einen jährlichen Umsatz von 125 Milliarden US-Dollar.[21]

Der Fischtransport ist in vieler Hinsicht wichtiger als der Fang selbst. Die verderbliche Fangmenge muss rechtzeitig zur Verarbeitung und schließlich zum Verbraucher gebracht werden. Transportmittel auf allen Verkehrswegen, wie Wassertransport, Schienenverkehr, Überlandtransporte und Luftfracht, befördern Fische rund um die Welt und beschäftigen viele Arbeitskräfte. Die Fischverarbeitungsindustrie ist ein neuer Produktionszweig, der die Fische in verschiedener Form für Nahrungs- und Nichtnahrungszwecke verarbeitet. Die Herstellung von Verpackungsmaterial oder die Produktion von Eis für den Transport und die Lagerung von Fisch sind ebenfalls bedeutende Industriezweige.

Der Handel mit Fisch ist ein sehr gewinnbringendes und gleichzeitig auch wettbewerbsfähiges Gewerbe. Handelsbereiche, wie Fischgroßhandel, Fischexporteure, Fischimporteure, Fischmärkte, Fischeinzelhandel oder Fischrestaurants, beschäftigen weltweit Millionen von Menschen. Die nationalen und internationalen Behörden für die Überwachung des Fischfangs, Forschungsinstitutionen, Bildungsinstitutionen, Verarbeitung und Verkauf beschäftigen ebenfalls viele Arbeitskräfte, die direkt mit dem Fischfang verbunden sind. Die Infrastruktur um den Fischfang herum, wie Häfen, Verkehrsinfrastruktur, Verwaltung, Forschung, sind die zahlreichen verwandten Gebiete der Fischereiindustrie, wo die Berufe direkt oder indirekt mit dem Fischfang verbunden sind

2. Die weltweite Fischproduktion

Die Fischproduktion bedeutet die Gewinnung von aquatischen Lebewesen für den menschlichen Verzehr und die dafür benötigten Aktivitäten und Tätigkeiten. Die kommerzielle Fischproduktion basiert auf technischen Hilfsmitteln und kann gleichzeitig als Fischereiindustrie bezeichnet werden. Die Hilfsmittel der Fischereiindustrie ermöglichen eine neue Art des Fischfangs und der Verwendung von Fisch als Nahrung, die die Menschheit nie zuvor erlebt hat. Gleichzeitig werden die Fische als Rohstoffe behandelt, und deren Vorkommen wurden als natürliche Ressourcen bezeichnet. Der Ursprung dieser Entwicklung fand parallel zu den technischen Erneuerungen statt, und die Fische wurden zu gewöhnlichen Nahrungmitteln.

Fischfang und Schifffahrt

Die Geschichte der Schifffahrt ist ziemlich alt, und ebenso alt ist die Geschichte des Handels mit Schiffen. Die Handelswaren, für eine längere Strecke, waren immer haltbare Produkte. Weil die Segelschiffe nicht aus eigener Kraft ihre Fahrt fortsetzen konnten, konnte auch die Dauer einer Reise nicht vorauskalkuliert werden. Bei einer Verspätung durch Wind oder andere Wetterbedingungen, wäre eine Ware mit begrenzter Haltbarkeit verdorben. Aus diesem Anlass transportierten die Segelschiffe für eine längere Strecke nur verarbeitete Fische, wie getrocknete, gesalzene bzw. Fertigprodukte der Fische, wie Tran. Angesichts dieser Schwierigkeiten konnten Segelschiffe für den Fischfang auf hoher See, ohne Verarbeitung an Bord, nicht eingesetzt werden. Bis zur zweiten Hälfte des 19. Jahrhunderts wurden beim traditionellen Walfang nur einfache Segelschiffe eingesetzt. Segelschiffe mit 20 bis 30 Mann Besatzung transportierten zusätzlich 4 bis 6 Ruderboote. Wenn Wale gesichtet wurden, ließ man die Ruderboote, mit jeweils 6 Mann Besatzung, ins Wasser. Die Männer mit den Ruderbooten näherten sich den Walen, harpunierten sie und schleppten sie zum Mutterschiff. Von den erlegten Walen wurde die Speckschicht abgeschnitten, gekocht und das daraus gewonnene Öl, genannt Tran, in

Fässer gefüllt und als gewonnener Rohstoff mitgenommen. Der Konsum des Walfleisches basierte im Mittelalter hauptsächlich auf verarbeiteten Produkten, die die Basken aus den weit entfernten Gewässern mit nach Hause bringen konnten.[22] Der Kadaver der verarbeiteten Wale wurde dem Meer überlassen.[I] Die kommerzielle Gewinnung des Walfleisches hat bis zum Beginn des 20. Jahrhunderts nicht stattgefunden. Der Konsum von Walfleisch kann bei vielen Küstenbewohnern bis zur vorchristlichen Zeit zurückverfolgt werden, aber es handelte sich hier primär um gestrandete Wale oder solche, die sich in küstennahe Gewässer verirrten.

Der vorindustrielle Kabeljaufang weist einen ähnlichen Charakter auf, wie der Walfang. Segelschiffe samt Ruderbooten fuhren zu der Ostküste Kanadas. Während der Laichzeit erschienen Kabeljauschwärme dicht zur Küste, die als leichte Beute aus dem Wasser geholt werden konnten. Die Fänge wurden nicht gleich zum Mutterschiff gebracht, sondern auf dem Land verarbeitet, getrocknet und als lange haltbare Fertigprodukte auf dem Schiff gelagert. Eine einzelne Fahrt dauerte bis zu mehreren Jahren, und als Fang wurden die getrocknete Stockfische[II] in die Heimat gebracht.[23]

Der Segelschiffseinsatz für die Zwecke des Frischfischtransports ist nachweislich nicht bekannt. Der Fischfang mit Ruderbooten konnte nur in Küstennähe und in den Binnengewässern durchgeführt werden. Ein kommerzieller Fischfang mit großen Segelschiffen, um regelmäßig den Markt zu versorgen, war sowohl theoretisch als auch praktisch nicht möglich. Somit war die Vorstellung des Fischfangs mit Segelschiffen auszuschließen.

Die innovativen Dampfschiffe in der ersten Hälfte des 19. Jahrhunderts wurden nur für Experimente und für militärische Zwecke benutzt. Für den Einsatz im Bereich der Fischerei waren die Dampfschiffe zu teuer und unrentabel. Später als die Dampfschiffe zunehmend in Einsatz genommen wurden, gab es andere Hindernisse, wie die Beschaffung und den Transport von Kohle und deren Ladekapazität. Als die

---

[I]Der traditionelle Walfang konzentrierte sich auf ein einziges Produkt, den Tran, das hauptsächlich als Rohstoff für die künstliche Beleuchtung verwendet wurde. Später fand der Tran einen verbreiteten Einsatz in der Industrie. Aus besonderen Walsorten, wie dem Pottwal, wurde zusätzlich zum Tran auch Walrat gewonnen, das für die Herstellung von hellbrennenden rußfreien Kerzen verwandt wurde.
[II]Kabeljau und andere dorschartige Fische werden in der Mitte durchgeschnitten, auf einem Stock befestigt und in der Sonne getrocknet. Aus diesem Grund werden die getrockneten Kabeljaus als Stockfisch bezeichnet.

Schiffsschraube[III] in der zweiten Hälfte des 19. Jahrhunderts verstärkt eingesetzt wurde, stieg die Fahrtgeschwindigkeit der Dampfschiffe, reduzierte sich die Kohlefracht als Treibstoff und erhöhte sich die Kapazität der Laderäume.

Schätzungsweise weniger als 2 kg Fisch pro Kopf wurden im Jahr gefangen, als die Dampfschiffe in den Einsatz kamen. Dies vermittelt, dass der größte Teil der Weltbevölkerung kaum über einen Zugang zum Fisch als Nahrung verfügte. Die Modernisierung der Schifffahrt ab Ende des 19. Jahrhunderts, ermöglichte eine neue Ära, um erfolgreich im Meer zu fischen. Zur Jahrhundertwende kamen bahnbrechende Dampfschiffe, bestückt mit der neu entwickelten Schiffsschraube und Dampfturbine, in den Fischereieinsatz. Die Schiffe fuhren schneller, wurden wendiger und besaßen größere Laderäume im Vergleich zu deren Vorgängern. Der regelmäßige Fischfang im Meer hatte begonnen, und je moderner die Fangflotte, desto entfernter wurden die Fanggebiete.

Fischfang und Weltkriege

Ein Krieg kriegt keinen Fisch. Wie auch immer, im Ausnahmezustand wurden viele außergewöhnliche Aktivitäten eingestellt. Der Erste Weltkrieg brach aus und die gesamten Fischereiflotten der Kriegsbeteiligten unter die Kriegsmarine gestellt. Aus Sicherheitsgründen wurde kaum Fischfang auf dem offenen Meer praktiziert, und als der Krieg als beendet erklärt wurde, zogen die Schiffe in ihre Heimathäfen zurück. Marineschiffe, Handelsschiffe und Fischereischiffe machten eine große Armada aus, die keine Aufgaben mehr hatte. Die arbeitslosen Soldaten, Matrosen, Fischer und vor allem der Mangel an Nahrungmittel gaben die Impulse für neue Aufgaben in der Fischerei.

Die Fangpause zwischen den Kriegsjahren 1914-1918 war die Schonzeit, und nach der Wiederaufnahme des Fischfangs gab es

---

[III]Joseph Ressel entwickelte die Schiffsschraube in Wien im Jahre 1812, die im Jahre 1829 erfolgreich eingesetzt wurde. Trotzdem dauerte es mehrere Jahrzehnte, bis sie serienmäßig angewand werden konnte.

Fische im Überfluss. Der Fang wurde immer größer, aber der Mangel an Lagerung, Transport, Verarbeitung und Verteilung verhinderte eine rasche Entwicklung der Fischereiindustrie. Teilweise übernahmen die Fischfabriken die Arbeit, um die frischen Fische zu säubern, filitieren und einzufrieren. In weniger als zwei Jahrzehnten wurde so erfolgreich gefischt, dass Menschen, die nie in ihrem Leben Meeresfische verspeist hatten, diese jetzt regelmäßig konsumierten. Zahlreiche Eisfabriken kamen zustande, um Eis für die Lagerung und den Transport der Fische zu liefern. Europäische Küstenstaaten, Japan und Nordamerika besaßen große Fischereiflotten, Verarbeitungsindustrien, Eisfabriken, regelmäßigen Fischhandel und einen ständig wachsenden Fischverbrauch.

Zum Ausbruch der Zweiten Weltkrieges erlitt der weltweite Meeresfischfang fast einen totalen Kollaps. Die Fischereiflotte der Industrienationen wurde erneut unter die Kriegsmarine gestellt, und für den Fischfang setzte eine Schonzeit ein. Am Ende des Zweiten Weltkrieges gab es wieder eine große Anzahl von untätigen Wasserfahrzeugen. Die Kriegsgewinnerländer waren in der Lage, innerhalb weniger Jahre den Fischfang wieder aufzunehmen. Die kapitulierten Länder, mit hohen Kriegsverlusten, brauchten dafür fast eine Dekade.

Der Neubeginn der Industriefischerei, besonders ab den 50er Jahren, erreichte eine neue Dimension des Meeresfischfangs. Nach der Schonzeit, inklusive Kriegszeit zwischen 1939-1945 und Nachkriegszeit zwischen 1945- 1950, konnten sich die Fischbestände reichlich erholen, und die Fischer sahen noch nie so viele Fische im Meer. Zusätzlich entstanden die mitwirkenden Elemente, wie die vorhandenen Fangschiffe, Arbeitskräfte, Energieversorgung für die Kühlungszwecke, Eisherstellung, Transport und Verarbeitung. Vor allem der verheerende Mangel an Nahrungsmitteln gab den besonderen Antrieb, den Fischfang energisch fortzutreiben. Während des Krieges wurden die traditionellen Straßennetze zu asphaltierten und befahrbaren Straßen umgewandelt, wodurch die Fangmenge besser in das Landesinnere transportiert werden konnte. Der Nachkriegsaufschwung ermöglichte ein ständiges Einkommenswachstum, und gleichzeitig, ähnlich wie bei anderen Konsumgütern, stieg der Fischkonsum ununterbrochen an.

Fischproduktion in der Gegenwart

Fisch im Überfluss, aber nicht im Fluss, sondern auf dem Fischmarkt. Seit Beginn der Industriefischerei wurden die Fischbecken in allen Gewässern immer leerer. Der kommerzielle Fischfang findet primär auf zwei unterschiedlichen Ebenen statt: Auf der traditionellen Ebene und als moderne Industriefischerei. Eine verlässliche Statistik über die traditionelle Fischwirtschaft ist sehr schwer durchführbar. Diese Art Fischfang wird vorzüglich in den Entwicklungsländern praktiziert und der Fang, meist ohne behördliche Meldung, an die Verbraucher verkauft oder privat konsumiert. Durch die niedrige Fangmenge, den schwierigen Transport und die schwierige Lagerung werden die Fänge ausschließlich lokal konsumiert. Auf diesem Hintergrund wird der traditionelle Fischfang nur geschätzt.

Fischtransport

Der Fischtransport gehört zu einen der kompliziertetsten Nahrungsmitteltransporte. Aufgrund der schnellen Verderblichkeit darf die Kühlkette von 0°C bis 2°C nicht unterbrochen werden. Je länger der Transportweg, desto komplizierter wird es, die Kühlkette aufrecht zu erhalten. Während des Umladens von einem Verkehrsmittel zum anderen besteht die Gefahr, dass die Kühlkette unterbrochen wird. Um der Gefahr des Verderbens zu entkommen, werden auch lebendige Fische transportiert. Lebendige Fische brauchen einen größeren Bewegungsraum, was wiederum für den Transport sehr ungünstig ist. Die Narkotisierung ist die gewöhnlichste Methode, um die lebendigen Fische ruhig zu stellen. Narkotisierte Fische bewegen sich nicht, und somit können größere Fischmengen auf engem Raum transportiert werden.[24] Verschiedene Betäubungsmittel, inklusive Kochsalz, werden für die Narkotisierungszwecke verwendet.[25] Das Wichtigste beim Transport von lebendigen Fischen ist die Sauerstoffzufuhr. Mit Sauerstoffzufuhr werden lebendige Fische weltweit erfolgreich transportiert, aber die Qual der Fische wurde hier nicht berücksichtigt.

Produktionsüberblick

Die Anwendung von industriellen Fangmethoden ermöglicht große Fangmengen und den damit verbundenen Transport, die Lagerung, Verarbeitung und Vermarktung. Die Daten dieser Anwendungen vermitteln einen besseren Überlick über die weltweite Fischproduktion.

Beschäftigung in der Fischereibranche, industrieller Aufwand, behördliche Vorschriften, Steuerwesen, Export, Import und staatliche Subventionen prädikatisieren die moderne Fischerei zu einem Industriestatus, und aufgrund dieser Entwicklung können die Produktionsmengen besser vermittelt werden. Trotz großer Bemühungen, einen authentischen Überblick des weltweiten Fischfangs zu vermitteln, bleibt eine unbekannte Dunkelziffer der Fangmengen immer noch außerhalb der statistischen Reichweite. Anhand des Konsums und Fangflottenbestands werden statistische Daten erfasst, die einen Überlick über den gegenwärtigen Fischfang vermitteln.

Weltweite Fischproduktion ab dem Jahr 1850

Jahr	Fangmenge in Millionen Tonnen
1850	1,5
1900	4,0
1920	9,5
1938	21,0
1948	19,6
1950	30,0
1960	40,0
1970	70,4
1980	77,0
1990	91,0
2000	110,0
2009	146,3

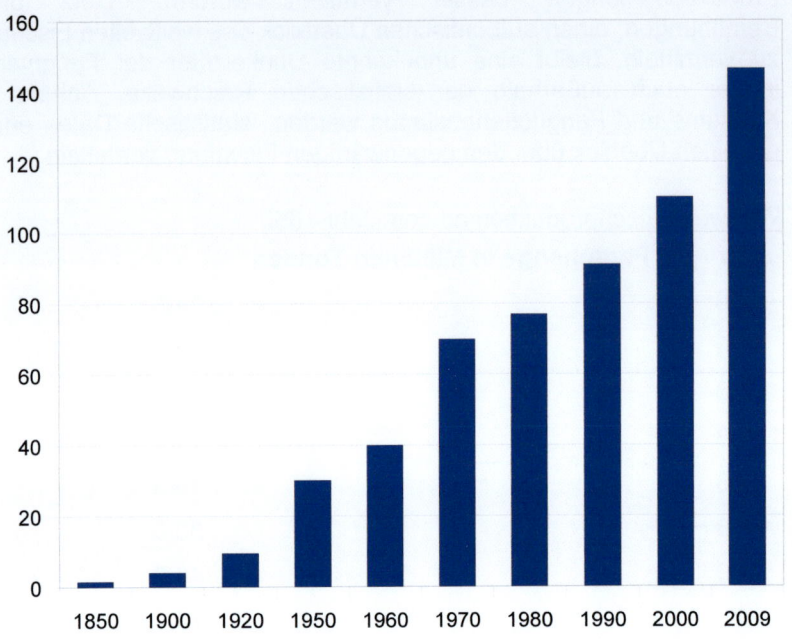

Produktionsmeng
e in Mill. Tonnen

Abbildung 3: Fischproduktion zwischen den Jahren 1850 und 2009

Q: FAO; Fisheries & Aquaculture Department, Rome 2010

Seit Beginn der zweiten Hälfte des 20. Jahrhunderts stieg die Fischproduktion ununterbrochen an, aber was hat die Menschheit dazu bewegt, in einer relativ kurzen Zeit eine überdimensionale Menge an Fisch zu fangen? Beruht diese Entwicklung auf Nahrungsbeschaffung, Gewinn oder auf den technischen Fortschritt? Die technischen Fortschritte wurden nicht im Voraus entwickelt, sondern je nach Bedarf und durch ständige Verbesserungen sind die bisherigen Fangmethoden zustande gekommen.

Der Gewinn am Fischfang war direkt vom Fangabsatz abhängig. Die verderblichen Fische konnten auch nicht in großen Mengen getrocknet oder gesalzen werden. Eine neue Methode, den Fang für eine längere Zeit aufzubewahren, kam zustande. Dieses war die Konservierungsmethode, die während des Ersten Weltkrieges in großen Mengen zum Einsatz kam. Das ursprüngliche Ziel, die Soldaten mit Fertignahrung zu versorgen, war über 100 Jahre alt, jedoch bis zu einem erfolgreichen Einsatz dauerte es sehr lange.[I] Am Ende des Ersten Weltkrieges versuchten viele Konservenhersteller das Produkt unter der zivilen Bevölkerung zu vermarkten. In den USA wurden Albakore-Thunfischdosen, genannt Weißer-Thun, als Meereshähnchen angeboten. Ölhaltige Fische, wie Sardinen, Heringe, Thunfische, fanden dafür immer mehr Anwendung.[26] Die Konservierung war der erste bahnbrechende Schritt, um Fische zu lagern, und dieses gab den ersten Impuls, um vermehrt Fische zu fangen.

Wegen der langen Haltbarkeit werden anhäufend und bedenkenlos Fischkonserven hergestellt. Hier sind die Gefahren der Verderblichkeit, Absatzmangel, Transportmangel, Energieaufwand für Lagerungszwecke sehr gering. Für Jahre haltbare Konserven benötigen keinen schnelleren Transport noch einen dringenden Absatzmarkt. Inklusive eines normalen Verbrauchs werden die Fischkonseren bei allen Expeditionen, Wanderungen, Abenteuerreisen sowie bei Truppenbewegungen als die Proteine aus der Dose mitgenommen. Der zunehmende Fischkonservenmüll in der Natur ist eine Kapitel für sich, aber besorgniserregend ist der reibungslose Fang für die Konservendose. Die Konservierung nimmt ständig zu, und eines Tages wird es sicherlich mehr Fischkonserven geben als Fische im Meer.

[I] Im Jahre 1809 entwickelte der Franzose Nicolas Francois Appert die Konservierung von Lebensmitteln, allerdings hatte es über 100 Jahre gebraucht um die Konservendose erfolgreich zum Einsatz zu bringen. Die Konserve gewann im gesamten 19. und 20. Jahrhundert, als sichere Versorgung der Soldaten während der Kriegsführung, an Bedeutung und wurde manchmal als Vorrat für Expeditionen mitgenommen. Der Mangel an entsprechendem leichten Material, preisgünstiger Produktion etc. verhinderte den kommerziellen Einsatz der Konservendose.

Die industrielle Fischproduktion ist in mehrere Gruppen und Untergruppen aufgeteilt worden. Man wirft nicht mehr einfach ein Netz, um irgendwelche Fische zu fangen, sondern die Fangflotten fischen gezielte Fischarten. Außerdem wird die Fischproduktion in Gruppen, wie Salzwasserfische, Süßwasserfische, Fangfische und Zuchtfische, aufgeteilt. So sehen die Produktionsmengen für das Jahr 2006 wie folgt aus:

Gesamtfrischwasserfische	41,7 Millionen Tonnen
Fischzucht	31,6 Millionen Tonnen
Fischfang	10,1 Millionen Tonnen
Gesamtsalzwasserfische	102,0 Millionen Tonnen
Fischzucht	20,1 Millionen Tonnen
Fischfang	81,9 Millionen Tonnen
Gesamtproduktion	143,6 Millionen Tonnen

Die Industriefischerei beschäftigt sich nur mit ihren eigenen speziellen Fanggebieten und speziellen Fangarten. Die Thunfischfangflotte der Hochseefischerei fängt nur die Thunfische einer bestimmten Art, wie Skipjack oder Albakore, und die Kutterflotte konzentriert sich nur auf Garnelen vom Meeresboden. Auch die Fischzüchter züchten einzelne Fischarten, wie Lachse oder Aale.

Die gößten Fischfangnationen der Welt

Wer fängt die meisten Fische? Alle Länder, inklusive Länder ohne Küstengewässer, praktizieren Fischfang, obwohl die Fangmengen sehr unterschiedlich sind. Länder, wie Afghanistan, Bhutan, Kirgisistan oder die Mongolei, verfügen über keinen Zugang zum Meer, und deren Fischfang wird in der Statistik nur geschätzt oder nicht aufgeführt. Allerdings besitzen alle diese Länder Binnengewässer in Form von Flüssen, Seen und Teichen, wo verschiedene Fischarten habitieren. In diesen Ländern ist die traditionelle Art von Fischfang vorhanden, aber sie liefern kaum Daten über ihre Fänge. Hingegen besitzen Länder, wie Eritrea oder Somalia, sehr große Küstengewässer, und trotzdem fangen diese beiden Länder sehr wenig Fisch. Aufgrund der Kriege, Bürgerkriege und der herrschenden Subsistenzwirtschaft ist die Fischerei hier wenig entwickelt. Etwa 60% der Grenze Somalias besteht aus Küstengewässern. Der 2.720 km lange somalische Küstenstreifen ist die längste Küstenlinie aller afrikanischen Länder, und trotzdem befindet sich die Fischerei in Somalia immer noch im traditionellen Zustand.

Ausgewählte Fischfangnationen mit Produktionsmengen für das Jahr 2007

Länder	in Tonnen
VR China	46079311
Indien	7308230
Peru	7210544
Indonesien	6329533
USA	5293877
Japan	4977047
Chile	4635927
Viet Nam	4277900
Thailand	3858815
Russland	3454214
Philippinen	3209349
Norwegen	3209140
Myanmar	2840240
Südkorea	2464328
Bangladesh	2440011
Malaysien	1563942
Mexiko	1496002
Taiwan	1490021
Island	1399167
Kanada	1174735
Rest der Welt	25680525
Welt-gesamt	140392858

Quelle: FAO: Fishery and Aquaculture Statistics, Rome 2009

44

20 Länder produzieren 82% der Welt-Gesamtfischproduktion. Die Art und Weise des Fischfangs der jeweiligen Länder ist von den Verwendungsverhältnissen abhängig. Wenn der Fang vorwiegend exportorientiert ist, werden die Fischarten gefangen, die für diese Zwecke geeignet sind. Auch für den einheimischen Konsum werden die Fischarten gefangen oder gezüchtet, die die meiste Nachfrage darstellen. Die Chinesen konsumieren zum größten Teil Frischwasserfische, die aus den extensiven bis hin zu semi-extensiven Fischzuchten gewonnen werden. Über 68% des gesamten Fischfangs der VR China stammt aus der Aquakultur, und ein Großteil dieser Fische sind karpfenartige Fische. Über 9% der Fangmenge sind Scampi, die zum größten Teil in den Binnengewässern und im Brackwasser gezüchtet werden. Trotz einer großen Exportnachfrage wurden Scampi vorwiegend im Lande konsumiert, aber mittlerweile nimmt der Scampiexport ständig zu, und seit dem Jahre 2006 steht die VR China auf dem ersten Platz der Scampiexporte. Die binnenmarkt orientierte chinesische Fischwirtschaft öffnete sich allmählich für den Weltmarkt und exportierte im Jahre 2007 Fische im Wert von über 9,3 Milliarden US Dollar. Somit steht sie mit einem großen Abstand auf dem ersten Platz des Weltfischexportes.

Über 93% des peruanischen Fischfangs bestehen aus pelagischen Schwarmfischen, die vorwiegend zur Fischmehlherstellung verwendet werden. Die indische Fischproduktion ist in erster Linie binnenmarktorientiert, aber die neuen Zuchtscampi werden zunehmend exportiert. Über 70% der indonesischen Fangmenge sind Pelagial- und Grundfische, die parallel zum einheimischen Konsum auch für den Exportmarkt gedacht sind. Der US-amerikanische Fischfang konzentriert sich auf den Binnenmarkt, und ca. 44% der Fänge bestehen aus Grundfischen. Ähnlich wie in Peru basiert der chilenische Fischfang auf der Fischmehlherstellung. Über 76% der chilenischen Fänge sind pelagische Kleinfische, hauptsächlich von der Sorte Anchovita, die zum größten Teil für die Herstellung von Fischmehl und Fischöl benötigt werden. Ähnlich wie in den USA ist der Fischfang in Japan nur auf den japanischen Binnenmarkt orientiert. Über 60% der japanischen Fangmengen sind Meerespelagialfische und Grundfische; 26% sind Mollusken und Tintenfische. Der thailändische Fischfang orientiert sich zunehmend am Exportmarkt. Thailändische Scampi und Thunfische dominieren zum Teil den Weltmarkt. Über 64% der Fangmengen bestehen aus Meeresfischen, zum größten Teil aus pelagischen Schwarmfischen. Viet Nam ist eine ziemlich neue kommerzielle Fischfangnation, die in den letzen Jahren ihre Fänge ständig erhöht hat. Gut 47% der vietnamesischen Fänge sind Pelagialfische aus dem Pazifischen Ozean, und über 50% sind Frischwasserfische, inklusive der Zucht von Scampi und anderen exportorientierten Fischen. Über 60% des russischen Fischfangs findet in der Grundfischerei in den kälteren Zonen des Nordmeeres statt, die hauptsächlich den einheimischen Bedarf decken. Der norwegische Fischfang sowie die Fischzucht sind größten Teils exportorientiert. Knapp 50% des norwegischen Fischfangs besteht aus der Grundfischerei. Das traditionelle Fischfangland Philippinen produziert für den einheimischen Verbrauch, und über 80% der Fangmenge sind Meeresfische. Das lange Küstengewässer von Myanmar war über lange Zeit ein Subsistenzfischfanggebiet. Die Erweiterung der Fangflotte erhöhte jedoch die Fangmengen in den letzten Jahren erheblich und erreichte einen Anteil von über 79% des gesamten Fanges. Die Frischwasserfische, inklusive der Scampizucht, macht die restlichen 21% der Fischproduktion Myanmars aus. Außer der Scampizucht, ist der Fischfang in Bangladesh Binnenmarkt orientiert. Etwa 50% der südkoreanischen Fischproduktion machen die Grund- und Pelagialfische und 40% Tintenfische und Mollusken aus. Taiwan ist, ähnlich wie Japan, eine binnenmarkt orientierte moderne Fischfangnation. Der Fischfang in Island ist rein exportorientiert. Über die Hälfte des isländischen Fischfangs bestehen aus Grundfischen und die andere Hälfte aus Pelagialfischen, die zum Teil zur Fischmehlherstellung verwendet werden. Der Fischfang in Mexiko basiert praktisch auf Fischen aus dem Golf von Mexiko und aus dem Pazifischen Ozean. Die Fische decken zum größten Teil den einheimischen Bedarf. Ähnlich wie Thailand besitzt Malaysien ziemlich moderne Fangflotten. Über 80% der malaysischen Fänge sind Pelagialfische aus den Gewässern des Pazifischen Ozeans. Im Vergleich zu den großen Binnengewässern sowie der atlantischen-, pazifischen- und der endlosen Nordpolarmeerküste produziert Kanada vergleichbar weniger Fisch als andere Länder dieses Breitengrades. Der Fischfang Kanadas ist Export- und binnenmarktorientiert.

Außer den ausgewählten Ländern, gibt es noch eine Reihe von großen Fischfangnationen, die auf den Weltmeeren erfolgreich fischen. Die spanische Hochseefischereiflotte ist sehr modern und fängt Grundfische und Thunfische auf hoher See und erzielt eine Fangmenge von über 75% des gesamten nationalen Fischfangs. Ähnlich wie Norwegen, ist auch der dänische Fischfang zum Teil exportorientiert. Über 80% der Fangbestände Dänemarks bestehen aus Grundfischen und

Pelagialfischen. Ebenso wie Island, produzieren Norwegen und Dänemark Fischmehl aus den pelagischen Kleinfischen.

Über 36% des gesamten Fischfangs besteht aus pelagischen Meeresfischen, 27% sind Frischwasserfische. Allerdings wird der größte Teil der Frischwasserfische aus den Aquakulturen gewonnen. Die Mollusken und die Tintenfische machen zusammen etwa 15% der gesamten Fangmenge aus. Gut 15% der Fangmenge sind Grundfische, die von der kommerziellen Grundfischerei gefischt werden. Die restlichen 7% der Fangmenge sind Scampi, die zum Teil aus der Wildnis stammen und zum Teil aus den Aquakulturen des Frisch- und Brackwassers.

Mit einer Gesamt-Fischproduktion von 46 Millionen Tonnen war die VR China im Jahr 2007 die größte Fischfangnation der Welt. In der Tat hat diese Mengenangabe mit dem Fischverbrauch wenig gemeinsam. Alle produzierten Nahrungsmittel werden auf die vorhandene Bevölkerungsgröße bezogen und entsprechend berechnet, so ähnlich wie das Pro-Kopf-BSP, die Pro-Kopf-Getreideproduktion oder die Pro-Kopf-Fischproduktion. Aus diesem Grunde sieht das Bild der größten Fischfangnation etwas differenzierter aus als das des mengenmäßigen Großproduzenten der Welt.

Ausgewählte Länder mit hoher Pro-Kopf-Fischproduktion für das Jahr 2007

Länder	Pro Kopf in kg	Gesamtproduktion in Millionen Tonnen	Bevölkerung in Millionen
Island	4746	1,4	0,295
Norwegen	695	3,21	4,620
Chile	285	4,64	16,3
Peru	258	7,21	27,97
Dänemark	175	0,950	5,431
Neuseeland	159	0,641	4,028
Irland	82	0,339	4,148
Malaysien	61	1,56	25,347
Thailand	60	3,86	64,233
Südkorea	51	2,46	47,82

Q:FAO & UNO

Mit einer kleinen Bevölkerungszahl steht Island an einer unvergleichbaren Stelle der Pro-Kopf-Fischproduktion. Der größte Teil der isländischen Fischproduktion von 1,4 Millionen Tonnen ist für den Export bestimmt, und der Fisch macht die Hälfte des isländischen Gesamtexports aus. Außer in Peru und Chile werden die Fischproduktionen der ausgewählten Länder zum größten Teil für den menschlichen Verzehr verwendet. In Peru und Chile handelt es sich überwiegend um die Fänge von Anchovis, die für die Herstellung von Fischmehl eingesetzt werden.

Der Pro-Kopf-Fischverbrauch ist direkt mit dem Verbrauch von Fisch als Nahrung verbunden. In dieser Hinsicht fällt der Fischverbrauch zwischen den Fangnationen sehr unterschiedlich aus. Der Fischkonsum ist auch nicht immer von dem vorhandenen modernen oder traditionellen Fischfang abhängig. Gewöhnlich ist er von der Bevölkerungsgröße und der damit verbundenen Fangmenge abhängig.

Ausgewählte bevölkerungsreiche Länder mit Pro-Kopf-Fischproduktion für das Jahr 2007

Länder	Bevölkerung in Millionen	Pro-Kopf-Fischproduktion in kg
VR China	1330	35
Indien	1165	6
USA	309	18
Indonesien	225	28
Brasilien	190	5
Pakistan	173	3
Bangladesh	158	16
Russland	142	23
Nigeria	147	4
Japan	127	39
Mexiko	107	14

Die Pro-Kopf-Fischproduktion der bevölkerungsreichen Länder fällt verhältnismäßig niedrig aus. Die wichtigsten Ursachen dieser Entwicklung sind die spärlichen Fischfangtätigkeiten und der geringfügige Einsatz der technischen Anwendungen. Länder wie Island, Norwegen und Dänemark verfügen über eine kleine Bevölkerung und größere Küstengewässer. Andererseits besitzen Länder wie Indien große Küstengewässer, jedoch im Vergleich zur Bevölkerungsgröße ist der Fischfangeinsatz sehr niedrig. Aufgrund der großen vegetarischen Bevölkerungsmehrheit ist der Fischkonsum Indiens sehr niedrig. Trotz der größeren Küstengewässer produzieren die USA nur 18 kg Fische pro Kopf im Jahr. Allerdings importiert die USA eine bedeutende Menge Fische für den einheimischen Verbrauch. Ebenfalls importiert Japan ein größeres Kontingent an Fischen und ist die bedeutendste Fisch-Importnation.

Die modernen Esskulturen sind viel mehr vom Wohlstand und der Kaufkraft abhängig als von der Tradition. Unabhängig von den traditionellen Esskulturen, konsumieren reiche Nationen zunehmend importierte Fische. Im Jahre 2007 produzierte die Schweiz und Österreich jeweils weniger als 400 g Fisch pro Kopf der Bevölkerung, jedoch wurde in Österreich pro Kopf über 15 kg und in der Schweiz pro Kopf über 17 kg Fisch konsumiert. Die beiden Länder importierten im selben Jahr jeweils Fische im Wert von US$ 593.027.000 und US$ 432.060.000.[27] In der Regel importieren alle Binnenländer Fische, vorausgesetzt, die Länder erzielen ein hohes Bruttosozialprodukt.

Fischzucht und Aquakultur

Der Fischfang basiert auf der Jagd des wilden Fischs. Als sich der Bestand durch den wachsenden Bedarf allmählich reduzierte, fing der Mensch an, Fische in den Binnengewässern zu züchten. Die Fischzucht hat eine sehr alte Tradition, jedoch verfügte diese über einen sehr geringen Beitrag am Fischkonsum als Nahrungsmittel. Im Jahre 1950 lag die weltweite Produktion aus der Fischzucht bei weniger als einer Million Tonnen. Durch den wachsenden Fischbedarf werden zunehmend Zuchtfische produziert, neue Fischteiche angelegt, und es wird auf diese Weise versucht, die Selbständigkeit in der Fischwirtschaft, ähnlich wie bei der Landwirtschaft, zu erreichen. Fische mit großer Marktnachfrage werden in Zuchtbecken gehalten, gemästet und ab einem bestimmten Körpergewicht an den Markt geliefert. In geschlossenen Becken in Hallen, in Hausbecken, Teichen, Seen, Flüssen, in Brackwasser bis zur Meeresküste werden verschiedene Arten von Fischzucht praktiziert.

Zwei besondere Arten der Fischzucht sind die extensive und die intensive. Sie sind die vorzufindenden Aquakulturen, die zunehmend Fische auf den Weltmarkt liefern. In der intensiven Art wird moderne Technologie für die Zuchteinrichtung verwendet, Futterpellets als Fischfutter, Antibiotika, Impfstoffe und andere pharmazeutische Produkte als Krankheitsvorbeugung. Auf engem Raum werden eine große Anzahl an Fischen gezüchtet, die vorwiegend exportorientierte Edelfische sind. Die Fische der intensiven Fischzucht sind Karnivoren, und für ihre Fütterung wird als Beimischung Fischmehl und Fischöl benötigt. Bei der extensiven Art der Fischzucht handelt es sich um die Zucht von Herbivoren, Omnivoren und auch Karnivoren, die keinen besonderen Anspruch an das Futtermitel stellen. Hier wachsen die Fische ziemlich langsam, haben keinen größeren Marktwert und werden überwiegend auf dem lokalen Markt angeboten oder von den Züchtern selbst konsumiert.

Die moderne Fischzucht scheint eine Alternative zur Überfischung der Gewässer zu sein. Allerdings benötigt diese Fischzucht andere Fische als Fischfutter und verwendet somit mehr Fische aus der Natur, als produziert werden. Das Fischfutter in den intensiven Zuchtbecken besteht aus mindestens 35% Fischmehl, das aus Fischen hergestellt wird, die in den Weltmeeren gefischt wurden. Nach unterschiedlichen Berechnungen benötigen 100 g Fisch aus der Fischzucht 400 g Fisch aus der Natur oder, je nach Wirtschaftlichkeit, können die Karnivoren aus der Fischzucht allein mit Fischmehl gefüttert werden. Als Anmerkung: Die Karnivoren im Aquarium werden in der Regel nur mit Fischmehl gefüttert. Eine Futterregel für die Zuchtfische mit Fischmehl in dieser Hinsicht ist nachweislich nicht vorhanden. Ein Beispiel: Im Jahre 2006 benutzte Großbritannien 104.000 Tonnen Fischmehl als Fischfutter und produzierte etwa 173.000 Tonnen Zuchtfische.[28] Das Produktions-verhältnis von Fischmehl ist 1:5 bzw. für die Herstellung von 104.000 Tonnen Fischmehl werden 520.000 Tonnen frische Fische benötigt. Mit dieser Berechnung ist die Fischzucht keine Alternative zu den Fischen in der Natur, sondern die Zucht von Edelfischen findet auf dem Rücken der Wildfische statt, da sie als Futtermittel dienen müssen.

Die Intensivierung der Fischzucht begann in den 80er Jahren, und allmählich wuchs der Anreiz für die Produktionssteigerung, so dass das Wachstum in den letzten 10 Jahren jährlich um 11% anstieg.[29] Die Aquakultur ist eine weltweit schnell wachsende Industrie, und parallel wächst dazu der Futterbedarf für die Zuchtfische. Die Fischfutterindustrie, mit einem weltweiten Wachstum von über 30% im Jahr, gehört zu den schnellst wachsenden Industrien der Welt.[30] Das Futter für die Zuchtfische ist genauso wichtig wie das Futter für die Masttiere im Stall oder Käfig. Es gibt wenige Fischarten, wie die karpfenartigen, die auf pflanzlicher oder tierischer Basis gefüttert werden können. Ansonsten sind die größten Teile der Zuchtfische Karnivoren und ernähren sich exklusiv von anderen Fischen, Krebsen und Tintenfischen. Die Fische aus der Fischzucht gelten als Delikatesse, und diese Fische sind ausschließlich Karnivoren. Aus diesem Grund braucht die Fischzucht wiederum Fisch als Futtermittel.

Die grundlegenden Anteile des Fischfutters sind Fischprodukte, wie Fischmehl und Fischöl, die hauptsächlich aus Meeresfischen gewonnen werden. Die Fütterung der Zuchtfische ist sehr unterschiedlich und sehr stark von der vorhandenen Futterquelle abhängig. Fischmehlprodukte, Schlachtabfälle, Tiere aus der Wildnis, wie Frösche oder Schnecken, Kot von Hühnern oder Schweinen gehören zu der bizarren Welt des Futters für die Zuchtfische.[31]

Die Modalität der Fischzucht ist sehr unterschiedlich. Die intensive Fischzucht der Industrieländer benötigt Fischmehl und Fischöl als Futtereinsatz. Dagegen wird in den Entwicklungsländern mit undefiniertem Futtereinsatz extensive bis semiextensive Fischzucht betrieben. Das schnelle Wachstum der Fischzucht findet hingegen in den ost-asiatischen Ländern statt. Über 80% der Welt-Fischzucht befinden sich in dem Gebiet zwischen Indien und Japan, und mit über 67% Anteil ist die VR China das größte Fischzuchtland der Welt.

Die Fischzucht wird im Brackwasser, Meereswasser und im Frischwasser praktiziert. Je nach Fischart werden unterschiedliche Wassertypen ausgewählt. So wird zum Beispiel der Lachs im Meereswasser gezüchtet, Karpfen, Welse oder Aale im Frischwasser und Scampi im Brackwasser. Schnellwachsende Fische, wie der Tilapia, werden sogar in Reisfeldern gezüchtet, die nur wenige Monate unter Wasser stehen. Einige Fischarten werden mittlerweile ausschließlich aus den Aquakulturen erwirtschaftet und nicht mehr aus der Natur. Der Atlantiklachs wird zur Zeit über 99,5% aus den Zuchtbecken der Meereskulturen gewonnen. Allerdings werden für die Fütterung der Zuchtlachse 35-40% Fischmehl und Fischöl benötigt.[32] Der Zuchtlachs ist ein Gewinn bringendes und exportorientiertes Produkt. Norwegen und Chile sind die führenden Produzenten der Zuchtlachse. Zusammen produzieren die beiden Länder über 50% der Zuchtlachse, und gleichzeitig sind sie die wichtigsten Lachsexporteure. Die Lachszucht ist eine Devisen bringende Industrie und gleichzeitig ein Brötchengeber. Chile beschäftigt zum Beispiel, mit einem 20%igen Anteil an Lachsexporten, über 30.000 Menschen in der Lachszucht.[33]

Der Scampi ist ebenfalls ein exportorientierter Zuchtfisch und seine Fütterung besteht hauptsächlich aus proteinhaltigem Fischmehl und Fischölprodukten. Über 30% der Welt-Scampi stammen aus der Fischzucht, die überwiegend exportorientiert ist.

Mehr als 300 Fischarten, Schalentiere und Mollusken werden weltweit in den unterschiedlichen Aquakulturen gezüchtet. Aus der gesamten Produktionsmenge der Aquakulturen sind über 50% Schwimmfische, 23% Mollusken, und 22% gelten als Wasserpflanzen, wie Algen. Die Scampizucht hat einen Anteil von nur 4%, besitzt aber einen Gesamthandelswert von mehr als 19% des Welt-Fischhandels.[34]

Die extensiv betriebene Aquakultur Chinas züchtet vorwiegend Karpfen für den einheimischen Verbrauch. Über 12 Millionen Tonnen Karpfen produziert die VR China für ihren nationalen Konsum. Das ist mehr als 36% der 33 Millionen Tonnen Zuchtfische Chinas. Ursprünglich wurden in der VR China nur 10 Fischarten gezüchtet, und mittlerweile sind es mehr als 50 verschiedene Zuchtfische.[35] Die neuen Züchtungen gehören zu den Fischarten, die einen hohen Marktwert besitzen und gleichzeitig Fischmehl und Fischöl als Futter benötigen. So erhöhte China zwischen den Jahren 1990 und 2008 die Einfuhr von Fischmehl und Fischöl auf über 60%. Die anderen führenden Länder in der Aquakultur sind die Staaten in Südostasien, Europa und Nordamerika. In Lateinamerika und Afrika sind die Aquakulturen sehr gering, mit Ausnahme Chiles. Dort wird ein Löwenanteil an Zuchtfischen produziert.

Die globalen Aquakulturprodukte stammen zum größten Teil aus kleinbäuerlichen extensiven und semiextensiven Zuchtbecken. Diese Betriebe produzieren 70-80% der Zuchttilapias, 70-80% der Zuchtscampi, 80-90% der Zuchtkarpfen und Zuchtwelse und 90-100% der Frischwasserscampi. Mit dem Wachstum und der Nachfrage wandeln sich die extensiven Methoden zur intensiven Fischzucht. Die zunehmenden Aquakulturen mit Futtereinsatz erbringen wirtschaftliche Vorteile sowie andere Nachteile, die wiederum langfristige Gefahren darstellen können, wenn diese nicht durch sachgemäße Maßnahmen verhindert werden. Die intensive Fischzucht ist eine neue Entwicklung, und über deren Auswirkungen auf die Umwelt ist bisher wenig bekannt.

Die Leistungen der Aquakultur

Regelmäßige Fischlieferung

Der Fischfang in der Natur ist oft saisonbedingt. Viele pelagische Wanderfische schwimmen einmal im Jahr an einer bestimmten Küste vorbei. Einige Fischarten sind nur in der Laichzeit sichtbar, und viele andere sind entweder während der Regenzeit, Trockenperiode oder nur im Winter zu fangen. Die Lachse wurden dann gefangen, wenn sie auf ihrer Wanderung flussaufwärts eintrafen, um in flachen Gewässern des Landesinneren zu laichen. Diese diadromen Fischarten werden in den Zuchtbecken der Meereskulturen gezüchtet. Die Zuchtlachse sind das ganze Jahr über verfügbar, und es ist nicht mehr nötig auf die Wanderung der Wildlachse zu warten. Mittlerweile stammen über 99% der Welt-Lachsproduktion aus der Aquakultur. Identisch ist die Entwicklung bei einigen anderen Fischarten, wie bei den Zuchtscampi oder Aalen, die bedarfsmäßig immer zur Verfügung stehen.

Niedrigere Fischpreise

Wegen der besonderen Geschmackseigenschaften war die Nachfrage für Fische wie Forellen, Lachse oder Scampi ziemlich groß, und wegen der saisonbedingten Verfügbarket und den geringfügigen Fängen lagen die Preise sehr hoch. Diese sogenannten Edelfische wurden nur von zahlungskräftigen Verbrauchern konsumiert. Kulinarische Restaurants, königliche Banketts oder luxuriöse Kreuzfahrten boten zum Beispiel Lachse als kostbare Speise an.[I] Die Aquakulturen ermöglichten die Umwandlung der teuren Edelfische zu jedermanns Fischen mit erschwinglichen Preisen.

Wasserflächen als vorteilhafte Ressource

Die Fischzucht lässt sich in vielen unterschiedlichen Gewässern einrichten. Je nach Spezies kann die Aquakultur im Wasserreservoir,

---

[I] Die skandinavische Fluggesellschaft SAS machte bis in die frühen 80er Jahre Werbung damit: Wenn man mit dieser Fluggesellschaft fliegen würde, wird als Bordverpflegung Lachs serviert. Einige Jahre später, als die Zuchtlachse die Preise weit nach unten drückten, nahm die Fluggesellschaft das Lachsangebot aus dem Werbesortiment.

Brackwasser, in den Reisfeldern, an der Meeresküste und in allen verfügbaren Wasserstellen praktiziert werden. Weil über 70% der Weltoberfläche aus Wasser besteht, kann dieses als bessere Ressource für die Nahrungsmittelproduktion bewertet werden als das Land. Nur 10% der Landfläche steht als landwirtschaftliche Nutzfläche zur Verfügung, und auch diese wird durch das Bevölkerungswachstum immer knapper. Entlang der Weltmeeresküste könnten Meeresaquakulturen angelegt werden und entlang der Weltbinnengewässerküste Frischwasseraquakulturen und damit proteinhaltige sichere Nahrungsmittel für die wachsende Weltbevölkerung produziert werden.

Sicheres Einkommen

Die Aquakultur wurde von einigen Weltorganisationen, wie der Weltbank, als Aquarevolution bezeichnet. Weil die meisten Subsistenzbauern unter der Armut leiden, kann durch die Praktizierung der Aquakultur eine Nebeneinnahme erwirtschaftet werden, wodurch die wirtschaftliche Lage der Armen verbessert wird. In der Tat sind viele Subsistenzbauern, neben der Landwirtschaft, auch Fischzüchter geworden und ermöglichen sich ein Nebeneinkommen und zusätzliche Nahrung.

Die Nachteile der Aquakultur

Fischmehl

Der Verbrauch von Fischmehl ist sehr bedenklich, weil die Karnivora-Edelfische mit Fischmehl und Fischöl gefüttert werden müssen. Ein Beispiel: Um 1 kg Scampi zu produzieren, werden 2 kg Fischmehl als Futter benötigt, und um 1 kg Fischmehl zu produzieren, werden bis zu 5 kg frische Fische gebraucht. Damit werden 10 kg Fische aus der Wildnis benötigt, um 1 kg Zuchtscampi zu produzieren. Die Zuchtscampi gehören zunehmend zu den bedeutendsten Fischarten auf dem Weltmarkt und machen eine Menge von 30% der Welt-Scampiproduktion aus.[36]

Das in der Lachszucht verwendete Trockenfutter besteht aus 35-40% Fischmehl und Fischöl.[37] Insgesamt brauchen alle Karnivoren der Aquakulturen Fischmehl und Fischöl als Futter, und als Ergebnis werden mehrere Kilogramm wilde Fische pro Kilogramm Zuchtfisch benötigt. Wenn das Phänomen der Fütterung der Zuchtfische mit Wildfischen auf die Tierzucht übertragen werden würde, würde das Bild wie folgt aussehen:

Die wilden Tiere werden gefangen, gekocht, getrocknet, gemahlen, in Säcke verpackt und schließlich an die Wirtschaftstiere als Proteinmehl verfüttert, um Eier, Milch und die Fleischproduktion zu ermöglichen. Der Verbrauch kann ähnlich berechnet werden. Das bedeutet, dass 1 kg Wildtiermehl 4 kg wilde Tiere, wie Kaninchen, Wildschweine, Rehe oder Wölfe, benötigt. Anschließend werden mindestens 2 kg Wildtiermehl benötigt um 1 kg Zuchtfleisch zu produzieren. Jetzt rückt die Frage näher, wie lange es, bei dieser Methode, Tiere in der Wildnis geben würde.

Jungfische für die Zucht

Viele Jungfische werden für die Zucht in der Natur gefangen. Für die Zucht der Aale werden Glasaale gefangen, oder für die Zucht von Scampi werden Jungscampi in der Wildnis gefangen, was wiederum einen Rückgang der wilden Population verursacht.[38] An dieser Stelle ist zu erwähnen, dass über 99% aller gelegten Eier oder geschlüpften Jungfische in der Natur in der Regel von anderen Fischen oder Tieren als gewöhnliche Nahrung verspeist werden. Wenn von diesen weniger als einem Prozent Jungfische noch etliche für die Zwecke der Fischzucht intensiv weggefischt werden, kann deren Bestand als gefährdet bezeichnet weden.

Krankheiten in der Fischzucht

Wegen der Wirtschaftlichkeit werden die Zuchtfische in engen Becken gehalten. Zucht auf engem Raum ermöglicht Vorteile bei der Fütterung, Behandlung, Bewertung, Fang, Wasserwechsel, Wasserreinigung, Bekämpfung von unwirtschaftlichen Fischarten und dient auch als Platzrationalisierung. Der Nachteil dabei ist, dass die Fische auf engem Raum verschiedene Infektionskrankheiten kriegen. Laut FAO Angaben sind alle Zuchtfische Krankheiten ausgesetzt, verursacht durch Viren, Bakterien, Protozoen, Trematoden, Fungus und viele andere Parasiten. Um diese Krankheiten zu bekämpfen, müssen Antibiotika, Impfstoffe und andere Medikamente, mit dem Futter vermischt, verwendet werden, und gleichzeitig müssen die Fische auch mit diesen Mitteln direkt behandelt werden.[39]

Die pharmazeutischen Produkte können in die Nahrungskette gelangen. Epidemieartige Krankheiten können auf die wilden Artgenosssen und auf andere Fische übertragen werden, und so kann ein Massensterben von Fischen in der Natur verursacht werden. Langfristig wird es eine Meldepflicht beim Ausbruch gefährlicher Krankheiten geben, und eine Massentötung der Zuchtfische im betroffenen Zuchtgebiet wird per Gesetz legitimiert werden. Ähnliche Situationen, wie bei unkontrollierbaren Epidemien der Landtiere, werden eine Katastrophe in unübersehbarem Maße auslösen.

Zuchtchemikalien

Antibiotika für die Zuchtfische und Düngemittel für die Aquapflanzen, Hormone und viele andere Zuchtchemikalien verseuchen das Wasser. Allein in den USA werden jährlich zwischen 204.000 und 433.000 Pfund Antibiotika für die Zuchtfische verwendet.[40] Dazu brauchen die Aquakulturen unterschiedliche Maßnahmen, wie künstliche Sauerstoffzufuhr, häufige Wasserwechsel etc. In manchen intensiven Zuchtbecken werden täglich bis zu 30% Wasser gewechselt.[41] Laut der US-amerikanischen Lebensmittel- und Medizinbehörde FDA, wurden viele der importierten Zuchtfische aus dem asiatischen Raum im engen und verschmutzten Wasser gezüchtet und gleichzeitig erhöhte Mengen an Veterinärmedizin hinzugefügt. Diese Veterinärantibiotika führen im Tierkörper zu Krebs. Im Laufe der Zeit wird der Mensch durch den Konsum dieser Fische resistent, und das Medikament Antibiotika wird beim Menschen, wenn sie es brauchen, nicht mehr funktionieren.[42] Im Jahre 2006 lehnte die FDA insgesamt 720 Nahrungsmittelverschiffungen aus China ab. Davon waren 340 Verschiffungen von Fischprodukten mit Rückständen der Veterinärmedizin verseucht.[43]

Vernichtung der Flora und Fauna

Mangrovenwälder, Brackwasser und die dort lebende Flora und Fauna werden vernichtet, wenn dort Aquakultur praktiziert wird. Naturseen und Teiche werden mit Giftstoffen, wie Rotenon, behandelt, um alle dort lebenden Wassertiere zu vernichten und schießlich eine bestimmte Fischsorte, wie Tilapia oder Scampi, auszusetzen. Genau wie bei der kommerziellen Industriefischerei konzentrieren sich die intensiven Fischzüchter auf eine einzige Fischsorte, und die anderen Fische,

Wassertiere und Unterwasserpflanzen werden als Schädlinge, Ungeziefer und Unkraut vernichtet.

Aussetzung von Omnivoren

Die Aussetzung von Omnivoren, wie den karpfenartigen Fischen als Neozoon, hat in vielen Ländern und Regionen, wie in Nordamerika, Westeuropa, Südafrika oder Australien, große Katastrophen in der einheimischen Tier- und Pflanzenwelt verursacht. Die Fische fressen die Unterwasserpflanzen und vernichten dabei die Laichgebiete und die Verstecke der Karnivoren. Die Karnivorenpopulation geht zurück, die in der Tat die Ausbreitung der Omnivoren unter Kontrolle hält. Als Resultat geht das Gleichgewicht zwischen Karnivoren, Omnivoren und der Unterwasserpflanzenwelt verloren.

Wilde Tiere als Futter

Fischzüchter, die sich das Fischmehl aus dem internationalen Markt nicht leisten können, verwenden Tiere aus der Natur für die Fütterung der Zuchtfische. Frösche, Schnecken, Tintenfische oder Seesterne werden für die Herstellung des Fischfutters verwendet, was wiederum eine Gefahr der Ausrottung dieser Spezies in der Natur hervorrufen kann.[44]

Lederindustrieabfälle als Futter

Leder besteht aus Kollagan, einem leimartigen Protein. Abfälle der Lederindustrie, genannt Scraps, werden zerkleinert, zermahlen, mit dem Futter vermischt und an die Zuchtfische verfüttert. Die Scraps enthalten gefährliche Gerbchemikalien, wie Chromium, und gelten als gesundheitsschädlich.[45]

Nutzung von Stallmist als Futter

Der Stallmist der Fleischtiere, besonders von Schweinen und Hühnern, wird zu Fischfutter umgewandelt. Schweinemist beinhaltet bis zu 24% Rohproteine, die nach der Entwässerung und Entkeimung als Futtermittel verwendet werden.[46] Diese Art Recycling kann als unmoralisch bezeichnet werden.

Die Prognose der Aquakultur

Das jährliche Wachstum der Aquakultur in den letzten 15 Jahren lag bei 11%. Schnellwachsende Fischarten mit großer Nachfrage wurden identifiziert, und deren Zucht wurde an wirtschaftlich rentablen Orten eingerichtet. In den kalten Seen der hohen Gebirge im Norden Kanadas wurden Forellen gezüchtet oder in der Wüste von Arizona Tilapia.[47] In der Tat können alle möglichen Gewässer zur Fischzucht umgewandelt und Fische für die große Nachfrage gezüchtet werden. Der entscheidende Faktor bei der Aquakultur ist der Gewinn bzw. die schnelle Einnahme. Die Exportumsätze der Aquakultur sind jährlich um über 10% gewachsen, und eine Sättigung des Marktbedarfs ist nicht in Sicht.

Die Fischzucht bringt einen großen Gewinn, schafft Arbeitsplätze, sichert Einkommen, bringt eine sichere Nahrung und vermittelt einen besseren Ausweg aus der Armut der traditionellen Landwirtschaft. Die Fischindustrie ermöglicht, die Produkte der Aquakulturen verbrauchergerecht zu vermarkten. Neue Fischprodukte kamen zustande, die im immer größeren Umfang verbreitet werden. Der schnelle Transport und die ununterbrochene Kühlkette ermöglichen Zuchtfische aus allen Erdteilen überallhin zu transportieren und gleichzeitig die Fertigprodukte zu den Verbrauchern zu bringen.

Das ´Fisheries Department` der UN-Ernährungsorganisation FAO stellt die Rahmenbedingungen für die Zukunft der Aquakultur. Es müssen die Voraussetzungen dafür geschaffen werden, und dabei muss im Besonderen darauf geachtet werden, dass das Fischfutter für die Karnivoren langfristig eingeplant wird. Fischmehl, Fischöl, Scampiabfälle und unbrauchbare Fische sind die bisherigen Futterressourcen, und langfristig sollen zusätzlich die Schlachtnebenprodukte der Wirtschaftstiere, Ölpressrückstände, Leguminosen, Zerealien und verschiedene Proteinquellen, wie Einzellerproteine, Blattproteine, Weichtierproteine, als Fischfutter für die Zuchtfische verwendet werden.[48]

Futterpellets mit Fleisch und Sojamehl stellen einen großen Marktbedarf für die Zuchtfische dar. Allerdings ist die Verwendung von den günstigen Herstellungskosten abhängig. Schnellwachsende Fleischsorten, wie Schweinefleisch, Hühnerfleisch oder Rindfleisch, werden an die Fischindustrie bedarfsgemäß geliefert und der zunehmende Sojaanbau wird den Sojamehlbedarf decken. Es ist nur die Frage der Gewinnumsetzung vom Futterpreis zum Fischpreis, das heißt das Fischfutter bestimmt die zukünftige Fischproduktion aus der Aquakultur.

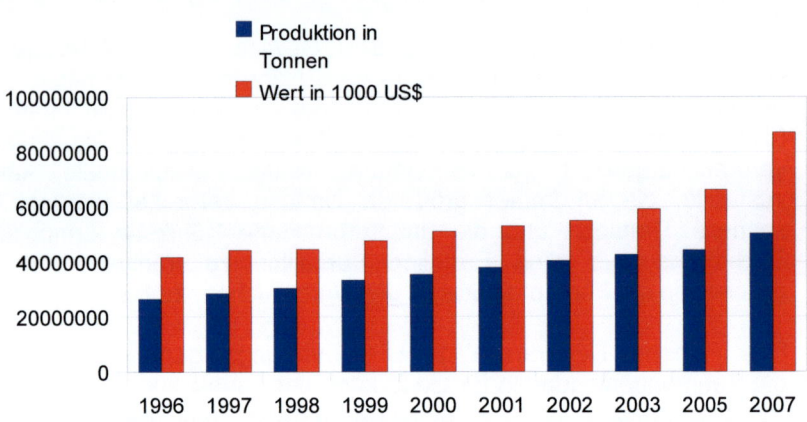

Abbildung 4: Produktion und Handelswert der weltweiten Fischzucht

FAO; Fishery & Aquaculture Statistics, Rome 2009

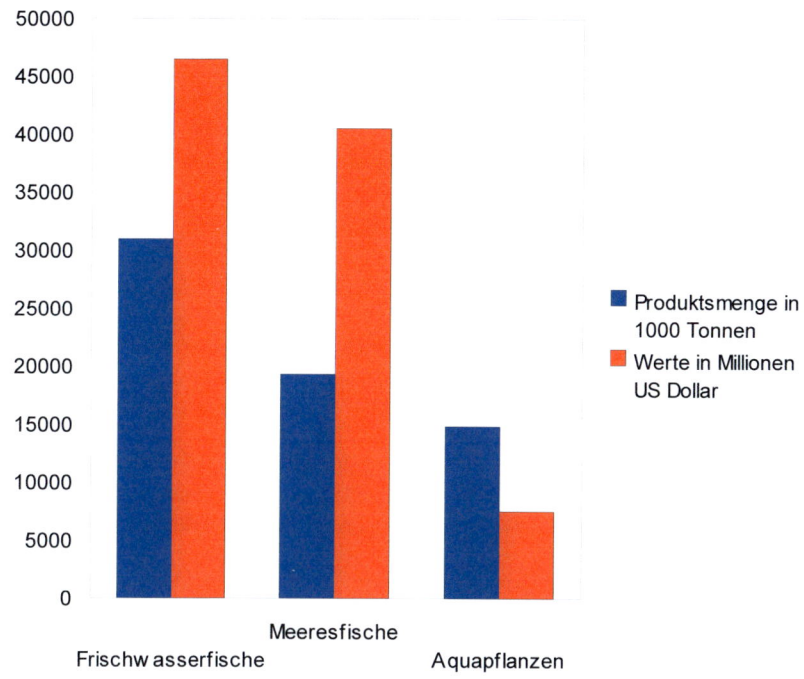

Abbildung 5: Menge und Werte der Aquakulturprodukte für das Jahr 2007

FAO; Fishery & Aquaculture Statistics, Rome 2009

Gegenüber des Produktionswachstums von 11% wächst der Handelswert nur um 6% im Jahr. Die sinkenden Handelswerte sind gekennzeichnet durch das ständige Produktionswachstum und durch die Konkurrenz auf dem Weltmarkt. Voraussichtlich reduziert sich das durchschnittliche Wachstum bis zum Jahre 2015 von 11% bis auf 8%. Somit wird im Jahre 2015 eine Fischproduktion von 95 bis 104 Millionen Tonnen aus der Aquakultur zustande kommen. Wenn sich das durchschnittliche Jahreswachstum für die darauf folgenden 10 Jahre mindestens auf 3% fortsetzen würde, würde damit die Fischproduktion aus der Aquakultur im Jahre 2025 auf 128 bis 140 Millionen Tonnen erhöht werden. Die Weltbevölkerung wird bis zum Jahre 2025 bis auf 8 Milliarden Menschen anwachsen, und so würde ein Pro-Kopf-

Durchschnitt von 16 bis 17,5 kg Fisch pro Jahr aus der Aquakultur für die Weltbevölkerung zur Verfügung stehen. Wenn das durchschnittliche Wirtschaftswachstum von 3% weiter bestehen bleiben würde, würde sich die Kaufkraft weltweit entfalten und die Aquakulturprodukte nicht nur in bestimmten kaufkräftigen Erdteilen vermarktet werden, sondern vermehrt in den heutigen Entwicklungsländern.

Verbrauch und Verwendungen

Die traditionelle Art des Fischverbrauchs, wie frisch, getrocknet, gesalzen und geräuchert, ist zum größten Teil unverändert bestehen geblieben. Die neue Art, wie Langzeitkühlung, einfrieren, entgräten, filetieren, panieren und die küchenfertige Herstellung von verschiedenen Rezepten, ermöglicht einen erweiterten Verbrauch von Fischprodukten. Zusätzlich ermöglichen Produkte wie Fischkonserven einen langfristigen Fischkonsum überall auf der Erde, ohne die Lagerungsmaßnahmen zu beachten.

Die Entgrätung und Filetierung der Speisefische ermöglichen einen leichten und gefahrlosen Fischkonsum. Die Fischzubereitung ist ein arbeitsaufwendiges und kompliziertes Verfahren, das durch die Fischindustrie beseitigt wurde, indem die Fische küchenfertig verpackt und der Verbraucher nur die direkte Verwendung, wie kochen, grillen, braten oder einfach im Mikrowellenofen garen, einleiten muss. Durch diese Arbeitserleichterung sind viele Nicht-Fischesser gewöhnliche Fischkonsumenten geworden. Außerdem wird durch die Vielfalt der industriellen Fischprodukte, wie Fischstäbchen, Fischfrikadelle, Fischnugget, Sushi, Sashimi, Surimi etc., ein neuer Geschmack und eine neue Attraktion des Fischkonsums geschaffen.

Das ursprüngliche Ziel des Fischkonsums ist weitgehend bestehen geblieben, und trotz unterschiedlicher Verwendungen wird 76% der Fischproduktion für den menschlichen Verzehr und 70% der übrigen 24% für die Herstellung von Fischmehl, Fischöl und für sonstige Zwecke verwendet.[49]

Frische und lebendige Fische

Frischer Fisch wird immer gewünscht. Deshalb werden 40% der gesamten Fangmenge als frische Fische verbraucht. Frische und lebendige Fische werden vorwiegend in Asien, Afrika und Lateinamerika konsumiert. Der Konsum an frischen Fischen ist primär lokal, und aufgrund des Kühlungs- und Transportsmangels werden diese vor Ort verwendet. Eine Statistik über frischen Fisch zu erstellen, ist durchaus schwierig, weil ein Großteil der frischen Fische lokal und innerhalb kurzer Zeit verzehrt wird. Schätzungsweise werden bis zu 48% der gefangenen Fische in den Entwicklungsländern frisch konsumiert. In den Industrieländern hingegen werden weniger als 7% der gefangenen Fische frisch verwendet.[50] Die Ursachen für den abnehmenden Frischfischkonsum in den Industrieländern liegen am Mangel der Fischereitätigkeiten und an der Verwendung von importierten Fischen.

Aufgrund des Geschmacks werden frische und lebendige Fische besser bezahlt als gefrorene oder verarbeitete Fische. Aus diesem Grund werden frische und lebendige Fische mit unterschiedlichen Transportmitteln weltweit transportiert. Weil die lebendigen Fische besser bezahlt werden, werden sie für längere Strecken geflogen oder für kurze Strecken mit den Straßenverkehrsmitteln transportiert. Berechnungen zufolge, werden für lebendige Fische durchschnittlich US$ 6000 pro Tonne bezahlt, und der Handel mit lebendigen Speisefischen macht einen Jahresumsatz von über einer Milliarde US Dollar aus. Anderen Angaben zufolge ist das Geschäft mit lebendigen Fischen im südasiatischen Raum ein etablierter und regelmäßiger Handel.[51]

Das bedeutendste Zentrum des weltweiten Handels mit lebendigen Speisefischen liegt in Hongkong, und aus diesem Umschlagplatz werden die Fische weiter verschickt und auch lokal konsumiert. Allerdings läuft dieser Handel weitgehend illegal. Hongkong hat einen Umsatz von etwa 400 Millionen US Dollar im Jahr. 50% der Lieferungen kommen aus Indonesien und die andere Hälfte aus Thailand, Malaysien, Viet Nam und Ozeanien. 30% der Ware wird weiter transportiert, hauptsächlich in die VR China, nach Taiwan und Singapore. Der Stadtstaat Singapore konsumiert jährlich über 16 558 Tonnen lebendige Fische.[52]

Der Konsum von lebendigen Fischen basiert auf zwei unterschiedlichen Ebenen. Erstens: Wenn die Voraussetzungen nicht vorhanden sind, um die gefangenen Fische zu lagern, transportieren und zu vermarkten, werden die Fische vor Ort verzehrt. Zweitens: Der Handel mit lebendigen Fischen ist eine organisierte nationale und internationale Entwicklung, die gezielt zwischen Produzenten und Verbrauchern betrieben wird. Wenn die Kaufkraft in Erscheinung tritt, werden mit unterschiedlichen Verkehrsmitteln lebendige Fische, aus regionalen und überregionalen Gebieten, ein- und ausgeführt. Schließlich ist der weltweite Handel mit lebendigen Fischen eine sehr neue Entwicklung der Versorgung.

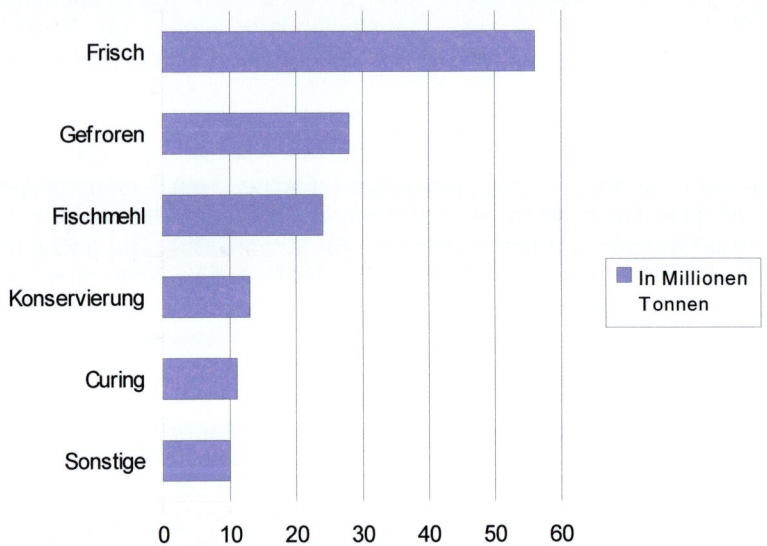

Abbildung 6: Weltweite Fischverwendung für das Jahr 2007

FAO; Fisheries & Aquaculture Department, Rome 2009

64

Gefrorene Fische

Gefrorene Fische sind unverderblich. Ursprünglich gab es nur oberhalb des Nord-Polarkreises gefrorene Fische. Der Handel mit gefrorenen Fischen ist neu und vom technischen Fortschritt bedingt. Die Anteile dieses Welthandels liegen bei 20%, die für den direkten Verzehr und auch als Rohstoff für die weitere Verarbeitung benötigt werden. Die gefrorenen Fischrohstoffe werden vorwiegend für die Herstellung von Fischstäbchen und Fischfertigprodukten verwendet. Die Produktion der gefrorenen Fische liegt in den Industieländern bei über 40% des gesamten Fischfangs, und die Tendenz ist zunehmend. In den Entwicklungsländern werden 14% der Fischproduktion eingefroren, die hauptsächlich für den Export in die Industrieländer bestimmt sind. Insgesamt sind die Industrienationen die Hauptkonsumenten der gefrorenen Fische, und dies liegt nur an der bestehenden ununterbrochenen Kühlkette. Transport, Verarbeitung, Infrastruktur und Kaufkraft sind ebenfalls mitwirkende Faktoren.

Fischmehl und Fischöl

Fischmehl ist ein neues Produkt. Ebenso neu ist Fisch als Futter für die Wirtschaftstiere, wie Geflügel oder Schweine. Die Grundlagen dieser Art Tierfutter sind Fischmehl und Fischöl, das hauptsächlich aus kleineren Schwarmfischen, wie Sardinen und Sardellen, hergestellt wird. Diese Art Fischschwärme sind bis zu 30 km lang, mehrere Kilometer breit und über 30 Meter tief. Mit den Schleppnetzen oder Sauggeräten können die Kleinfische leicht an Bord geholt werden. Die Menge ist sehr groß und wegen des Arbeitsaufwands für den direkten Verzehr nicht geeignet. Die Fische werden gekocht, das Öl getrennt, getrocknet, gemahlen, in Säcken verpackt und für den Tierfuttermarkt freigegeben. Fischmehl gilt als Proteinfutter, hat einen hohen Anteil an Aminosäure, Fett und ist wachstumsfördernd.

Schätzungsweise über 25% des weltweiten Fischfangs wird für die Herstellung von Fischmehl und Fischöl verwendet. Weltweit produzieren über 400 Fischmehlfabriken gut 7 Millionen Tonnen Fischmehl und eine Million Tonnen Fischöl im Jahr. Die wichtigsten produzierenden Länder sind Peru, Chile, VR China, Thailand, USA, Japan, Norwegen und Dänemark. Im Jahre 2005 produzierte die EU gut 480.000 Tonnen Fischmehl und konsumierte über eine Million Tonnen Fischmehl. Die Fischölproduktion der EU im Jahre 2005 lag bei 168.000 Tonnen. Im gleichen Jahr produzierten Norwegen und Island zusammen 93.000 Tonnen Fischöl und 342.000 Tonnen Fischmehl.

Fischmehl besitzt 60-70% Proteine. Die Fütterung von Hühnern und Schweinen mit Fischmehl im Trockenfutter liegt bei 5%. Dagegen benötigt die Fütterung der Zuchtlachse 35-40% Fischmehl und Fischöl. [53] Fischmehl ist gleichzeitig ein wachsender Rohstoff für die Nahrungsmittelindustrie. Auch für die menschliche Nahrung, wie für die Herstellung von Fischfrikadellen und künstlichen Fischgerichten, wird Fischmehl hergestellt.

Das Fischöl verfügt über einen großen Verwendungsbereich in der Industrie, Pharmaindustrie und in der Fischzucht. Die Lederindustrie verwendet eine bedeutende Menge an Fischöl, um dem Leder die Geschmeidigkeit zu erteilen. Das Fischöl enthält Omega III Fettsäure, die von der Pharmaindustrie für die Herstellung von Prophylaxen gegen Koronar-Herzkrankheiten (KHK) verwendet wird. In der Fischzucht wird Fischöl in das Fischfutter gemischt und dadurch die Fresslust der Zuchtfische gesteigert.

Die Emulsion ist ein Nebenprodukt der Fischmehl- und Fischölherstellung. Zuerst wird Fischmehl und anschließend, mit Hilfe des Zentrifugalverfahrens, Fischöl gewonnen. Am Ende des Verfahrens, wenn das Wasser getrennt wird, bleibt eine feste Substanz, genannt Emulsion, übrig. Auch Fischkonservenhersteller produzieren große Mengen an Emulsion. Die Fisch-Emulsion wird zunehmend als organisches Düngemittel für den Anbau biologischer Lebensmittelprodukte verwendet.

Konservierung

Unter den Fertignahrungsprodukten zählen die Fischkonserven zur schmackhaftesten Proteinquelle. Über 9% der Weltfischproduktion wird konserviert. In den Industrieländern liegt die Konservierungsrate bei 21% des gesamten Fischfangs. Aufgrund des Mangels an technischem Hintergrund werden in den Entwicklungsländern nur 6% des gesamten Fischfangs konserviert. Die konservierten Fische sind vorwiegend Thunfische und Sardinen. Die Anteile der anderen Fische für die Zwecke der Konservierung sind sehr gering.

Die Verbraucherländer der Fischkonserven sind ebenfalls die Industrieländer. Durch die zunehmende Kaufkraft auch in den Entwicklungsländern steigt allmählich die Verwendung der Konservendose. Die Konserven beanspruchen weder Kühlung noch einen schnellen Transport und können für einen sehr langen Zeitraum gelagert werden. Aus diesem Grund steigt die Verwendung der Fischkonserven, als günstiges Lebensmittel, weltweit.

Curing

Curing ist die älteste Methode der Fischaufbewahrung. Fisch-Curing bedeutet getrockneter, geräucherter oder gesalzener Fisch. Etwa 8% des Weltfischfangs werden auf diese Art und Weise behandelt. In den Ländern mit einem kalt feuchten Klima und vorhandenen Feuerholzvorräten werden Fische durch Rauch- und Hitzebehandlung haltbar gemacht. In den warmen Ländern werden dagegen die Fangüberschüsse in der Sonne getrocknet, und anschließend findet das Endprodukt als Trockenfisch den Marktanschluss. Getrocknete Fische gehören zu einer der ältesten Welt-Handelswaren.

Gesalzener Fisch ist ein neues Produkt. Weil das Speisesalz ein sehr teurer Luxusartikel war, konnte es nicht als Konservierungsmittel benutzt werden.[I] Erst ab Beginn des 20. Jahrhunderts wurde Fisch zunehmend gesalzen. Der Anteil des Curing liegt in Afrika bei 17% und in Asien bei 11% des Gesamtfanges. Das Curing ist mit vielen Schwierigkeiten verbunden. Zum Räuchern wird viel Holz benötigt, zum Salzen viel Salz und zum Trocknen genügend Sonne. Bei einem Dauerregen oder bei einer Fliegenplage wird oft die gesamte Fischmenge vernichtet.

Sonstige Verwendungen

Die sonstigen Verwendungen von Fischen umfassen ein sehr großes Gebiet. Die wichtigsten Bereiche sind die Direktfütterung von Fangfischen an die Zuchtfische und an die Zootiere, als Köder für den weiteren Fischfang, als biologisches Düngemittel, für wissenschaftliche Untersuchungen und die Herstellung von Hunde- und Katzenfutter.[54] Gut 6% der Gesamtfangmenge wird für diese Zwecke verwendet.

Der Fisch-Welthandel

In der Sonne auf der Sandbank getrocknete Fangüberschusse waren das einzige Produkt des antiken Fisch-Welthandels. Die Entwicklung der schnellen Verkehrsinfrastruktur, der bestehenden Kühlkette, der Konservendose und die Informationstechnologie ermöglichten in den letzten drei Jahrzehnten einen rasch zunehmenden globalen Fischmarkt. Ob lebendig, frisch, gefroren, konserviert oder verarbeitet, werden Fische in jedem Zustand gehandelt. Die Menge und die Entfernung sind keine bedeutenden Kriterien, sondern der Absatz und die Nachfrage stehen im Vordergrund. Frische oder lebendige Fische können innerhalb weniger als 24 Stunden aus irgendeinem Fangort zu

---

[I]Bis zu Beginn der 20. Jahrhunderts war das Speisesalz ein edles Genussmittel, dessen Steuer eine bedeutende Staatseinnahme war. Das Salz war auch Verursacher von unzähligen Kriegen.

jeder Industriemetropole geflogen werden. Die Gefriertechnik ermöglicht ebenfalls jede Fischsorte weltweit zu transportieren und gleichzeitig für eine sehr lange Zeit aufzubewahren. Die Fischkonserven ermöglichen einen langsamen Massentransport als Seefracht, sie haben ein mehrjähriges Haltbarkeitsdatum und beanspruchen keine Lagerbedingungen. Die Fischmehlsäcke beinhalten sehr wenig Wassergehalt und sind nicht verderblich. Das Fischöl ist ein Fertigprodukt, es wird in Fässern oder anderen Behältern transportiert und gehört zur gewöhnlichen Handelsware, wie Speiseöl oder ätherische Öle. Ohnehin ist der Fischhandel transportbedingt, und jene Transportmittel ermöglichen diese neue Art des Welthandels.

Der Fisch-Welthandel ist eine der am schnellsten wachsenden Nahrungsmittelbranchen. Kein anderes Nahrungsmittel tierischer Herkunft wird in diesen großen Mengen exportiert, wie der Fisch. 38% der Welt-Fischproduktion wird exportiert, und das größte Jahreswachstum lag zwischen den Jahren 1990 und 2007. Im Verhältnis zur Fangmenge unterscheidet sich die Exportmenge von Jahr zu Jahr. Der Export von Fischen aus der Aquakultur wächst hingegen jährlich ununterbrochen an.

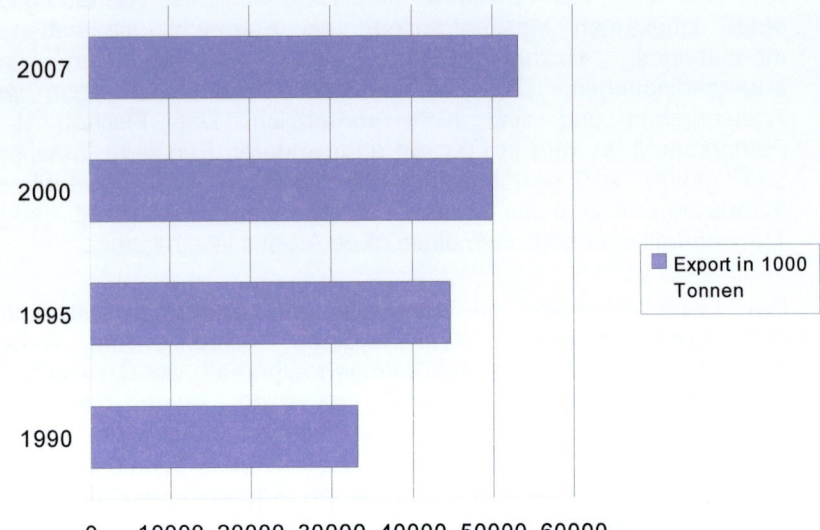

Abbildung 7: Internationaler Export an Fisch und Fischfertigprodukten

FAO; Fisheries & Aquaculture Department, Rome 2009

Im Jahre 1990 wurden 33 Millionen Tonnen Fisch auf dem Weltmarkt gehandelt. Diese Exportzahl stieg im Jahre 2007 auf über 53 Millionen Tonnen an. Dieses war ein Wachstum von über 60% innerhalb von 17 Jahren. Der Export basiert auf Zuchtfischen aus der Aquakultur, Fänge aus der Hochseefischerei, auf Fischmehl und Fischöl. Die Produkte aus der Hochseefischerei, wie Fischfilets oder Thunfische, sind vom Fang abhängig. Der Export von Fischmehl und Fischöl ist ebenfalls von den Fängen der ölhaltigen Fischschwärme abhängig. Wenn aufgrund klimatischer Bedingungen, wie dem El-Niño, die Fischschwärme fern bleiben, werden wenig Fischmehl und Fischöl erzeugt.

Ausgewählte Fischexportländer mit Exportwert in Milliarden US-Dollar[55]

Länder	1994	2007
VR China	2,3	9,3
Norwegen	2,7	6,3
Thailand	4,2	5,7
USA	3,2	4,5
Kanada	2,2	3,8
Viet Nam	0,5	3,8
Chile	1,3	3,7
Gesamt 7 Länder	16,4	37,1
Sonstige	26	56,4
Gesamt	47,5	93,5

Die ersten 7 Länder exportierten im Jahre 1994 knapp 35% des Welt-Fischexportwertes und erhöhten diese Zahl auf knapp 40% im Jahre 2007. Die VR China steht mit 9,3 Milliarden US$ Exportwert an erster Stelle, aber im Vergleich zu der Bevölkerungsgröße können nur US$ 7 pro Kopf als Exportwert berechnet werden. Gleichzeitig erzielt das an zweiter Stelle stehende Norwegen einen Pro-Kopf-Exportwert von über US$ 1.348. Für die Länder wie Norwegen, Island, Dänemark etc. stellen die Exporteinnahmen durch Fisch und Fischprodukten einen bedeutenden Anteil des Außenhandels dar. Die Pro-Kopf-Einnahme durch den Fischexport für Island im Jahre 2007 lag bei über US$ 6.876.

Obwohl immer noch 50 Länder zusammen über 94% der Welt-Fischexporte liefern, wächst die Zahl der fischexportierenden Länder langsam an. Mit dem Wachstum der sozio-ökonomischen Lage hoffen viele afro-asiatische und südamerikanische Länder an diesem lukrativen Geschäft des Fischexports teilzunehmen.

Als im Jahre 1978 der Fisch-Welthandel sich in seinem Entwicklungsstadium befand, lag dessen Exportwert bei US$ 12 Milliarden, und innerhalb von 30 Jahren wuchs der globale Export von Fisch und Fischprodukten um über 680% an.

Ausgewählte Fischimportländer mit Importwert in Milliarden US$ für das Jahr 2007[56]

EU	*43,2*
Japan	13,6
USA	13,6
VR China	4,5
Welt	98,2

Im Jahre 2007 importierten die ersten 4 Länder und Gebiete wertmäßig über 76% des globalen Fischhandels. Immer noch importieren 50 Länder 96% der Fische aus dem Weltmarkt. Bevölkerungsreiche Länder wie Indien, Pakistan oder Bangladesh importieren kaum Fische für den einheimischen Verbrauch.

Länder wie Japan erzeugen über 34 kg Fisch pro Kopf im Jahr, und gleichzeitig stehen sie an der ersten Stelle der Fischimporte für den einheimischen Verbrauch. Für das Jahr 2008 importierte Japan Fische im Wert von 107 US$ pro Kopf der Bevölkerung. Der durchschnittliche Preis für die gehandelten Grundfische und Pelagialfische lag bei knapp über einem US Dollar pro kg. Mit dieser Berechnung könnte Japan pro Kopf etwa 100 kg Fische importiert haben. Japan liegt, mit der zusätzlichen einheimischen Produktion von 34 kg Fisch, an der Spitze des Welt-Fischverbrauchs. Laut statistischen Angaben konsumiert Japan pro Kopf etwa 65 kg Fische im Jahr.[57] Augenscheinlich ist die EU der größte Fischimporteur. In der Tat verbrauchen Deutschland, Frankreich, Großbritannien, Italien, Spanien und die Niederlande über 80% der gesamten EU-Fischimporte.

Die Angebote im globalen Fischhandel lösten Wettbewerbe aus. Die tarifliche und nicht tarifliche Handelszone und die staatlichen Subventionen üben bedeutende Einflüsse auf diesem Sektor aus. Seit Beginn der GATT-Verhandlungen, gefolgt durch die WTO-Verhandlungen, wurden eine Reihe von Maßnahmen getroffen, um den globalen Fischhandel zu liberalisieren. Die Welt-Ernährungsorganisation FAO setzte einen Koordinierungsausschuss auf Interregierungsebene ein, um die technischen und wirtschaftlichen Angelegenheiten des Welt-Fischhandels zu regulieren. Wegen der potentiellen Erzeugungskapazitäten wurde der Export von Fischereierzeugnissen der Entwicklungsländer als lebenswichtig bezeichnet. Aus diesen Exporteinnahmen können die Entwicklungsländer die notwendigen Güter, wie Nahrung und Treibstoffe, kaufen und gleichzeitig die Schulden tilgen.[58]

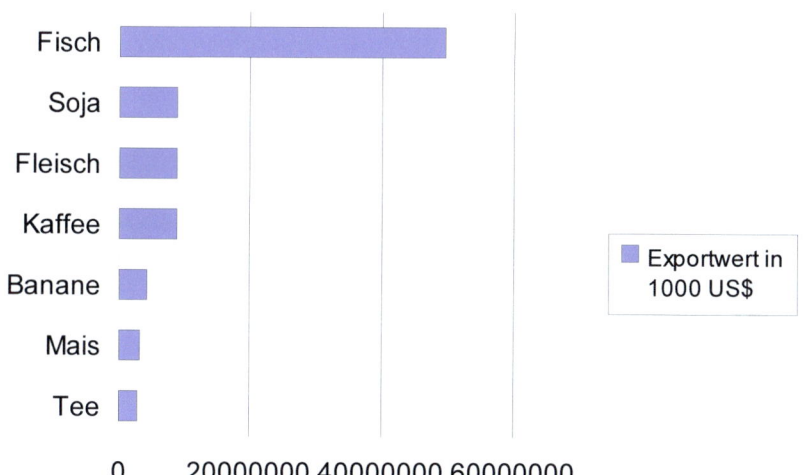

Abbildung 8: Wichtigste Nettoexporte der Entwicklungsländer im Jahre 2008

FAO; TradeStat, Rome 2009

Die traditionellen Exportprodukte der Entwicklungsländer, wie Kaffee, Tee, Baumwolle, Zucker oder Kautschuk, sind durch die neuen Fischexporte wertmäßig verdrängt worden. Über 50% der Welt-Fischexporte kommen aus den Entwicklungsländern, und die Tendenz ist steigend. Dies wurde verursacht durch die zunehmende Aquakultur und auch durch die Modernisierung der Fischereiflotte. Die Doha-Agenda der WTO verhandelt über den Marktzugang des Fisches und der Fischereiprodukte. Weil sich der Fisch und die Fischereiprodukte nicht zu den landwirtschaftlichen Erzeugnissen anschließen lassen, müssen diese zusätzlich behandelt werden. In diesem Zusammenhang wurde über die nicht tariflichen Barrieren, über Subventionen und über die Notwendigkeiten der Ökoetikettierung verhandelt.[59]

Vermarktung und die lukrativen Fischmärkte

Fisch ist schnell verderblich, und so wird versucht, ihn so schnell wie möglich abzusetzen. Aus diesem Grund befindet sich der Fischhandel im unregulierten Zustand. Hinsichtlich dessen ist dieser Markt sehr von der Kaufkraft abhängig. In den Industriestaaten ist dieser Sektor vom Fang, über die Verarbeitung, dem Transport und der Verteilung sehr gut organisiert. In den Entwicklungsländern dagegen bestimmt eine Reihe von unterschiedlichen, mitwirkenden Faktoren den Fischhandel. Unterschiedliche Esskulturen, Gewohnheiten des Frischfischkonsums, Konsum von bestimmten Fischarten, Bevorzugung lokaler Fische etc. beeinflussen den bizarren Fischhandel. Der Export wertvoller Fische und der Konsum günstiger Fische gehört zur Tradition fast aller Fischfangländer der Welt.

Die Versorgungskette basiert auf direkten Verbindungen und auf der Zusammenarbeit zwischen Händlern und Produzenten. Der Händler signalisiert den aktuellen und potentiellen Bedarf, und der Produzent, sei es der Fischzüchter oder Fischfänger, reagiert darauf und setzt die Produktion in Bewegung. Das integrierte Kommunikationssystem ermöglicht, das Fischgeschäft durchzuführen, und das passende Transportmittel, sei es ein Kühlcontainer oder die Luftfracht, bringt die Ware rechtzeitig zum Verbraucher.

Der Fischhandel findet auf verschiedenen Wegen statt. Während ein Großteil dieses Handels traditionell bleibt, entwickelt ein anderer Teil sich zur modernen elektronischen Transaktion um. Mobiltelefonnetze, Internetauktionen etc. ermöglichen es den Händlern und Produzenten, sich über die aktuellen Preise und Produktionen zu informierern. Zwei Arten des Fisch-Großhandels bringen die Ware zum Endverkäufer. Die erste befindet sich im Zentrum der jeweiligen Produktionsstätten und die zweite dort, wo die Fische aus überregionalen Gebieten bzw. aus dem Ausland importiert werden. Sie spielen die bedeutende Rolle für den Endverkäufer. Seit geraumer Zeit erwerben Supermaktketten Fischsortimente direkt bei den Erzeugern und bieten ihren Kunden wettbewerbsfähige Produkte an.

Gefrorene Fische, Fischkonserven, Fischmehl und Fischöl sind haltbare Produkte und besitzen ein wachsendes Marktsegment. Informationen über die Produktion, Preise und Bedingungen können jederzeit über das Internet abgerufen werden, die für jedermann zugänglich sind. Auf diese Weise wird der Fischhandel transparenter, gibt einen Anreiz für den Absatz und die Produktion.

Mehr als ein Drittel der globalen Fischproduktion landet auf dem Weltmarkt. Im Vergleich zum Fleisch oder Getreide, von denen nur 10% der Gesamtproduktion exportiert werden, ist der Exportanteil bei Fisch sehr groß. Die wichtigsten Fisch-Handelszentren der Welt sind Japan, die Europäische Union[i] und die USA. Diese drei Zentren importieren über 80% des globalen Fischexports. Die Entwicklungsländer exportieren mengenmäßig und wertmäßig über 50% Fische auf den Weltmarkt.

Länder wie Japan und die USA importieren mindestens 50% des nationalen Fischverbrauchs. Die Umschlagplätze des Fischhandels sind die Industriemetropolen, wie Hongkong, Tokyo, Rom, Frankfurt, Hamburg, Amsterdam, Rotterdam, London, Paris, New York oder Los Angeles. Die lebendigen und frischen Fische kommen per Luftfracht und die gefrorenen und die verarbeiteten Fische gewöhnlich per Seefracht. Aus den jeweiligen Flug- und Seehäfen wird die Ware per LKW zu den zentralen Verkaufsstellen oder direkt zu den Verarbeitungsstellen oder zu den Lagerhäusern transportiert. Fischkonserven, Fischmehl und Fischöl werden über Direktimporteure oder über den Großhandel vermarktet. Diese Fertigprodukte oder Rohstoffe besitzen keine

---

[i] Es handelt sich um die alten 15 Länder vor der Osterweiterung der Europäischen Union.

nennenswerten zentral gesteuerten Märkte, sondern die Großimporteure und Hersteller agieren in diesem Sektor weitgehend unabhängig. Dagegen funktioniert der Handel mit frischen und gefrorenen Fischen zum Teil über die zentralen Fischmärkte, wie beim Billingsgate-Fischmarkt in London, Fulton-Fischmarkt in New York oder dem Tsukiji-Fischmarkt[l] von Tokyo. Fast alle großen Frischfisch-Fischmärkte sind identisch. Sie beginnen in den frühen Morgenstunden mit dem Großhandel, laufen nach der Dämmerung mit dem Enzelhandel weiter und schließen oft am Vormittag. Dieser Ablauf ist eine Tradition im Fischhandel, da die Frühstunden die kühlsten Stunden des Tages sind. Trotz des vorhandenen Kühlsystems haben die meisten Frischmärkte ihre Tradition beibehalten.

Die wertvollsten Fischarten auf dem Weltmarkt

Alle Fische sind ein wertvoller Schatz der Natur. Allerdings gelten von mehreren tausend gefischten Arten nur einige Fischsorten als wichtige Handelsware. Eine einzelne Fischart im großen Stil zu vermarkten, ist von bestimmten Kriterien abhängig: Von der Größe der Fangmenge und vom Geschmack des Fisches. Fische wie Scampi lassen sich leicht fangen und leicht züchten. Die knapper werdenden Scampi aus der Natur können einfach in den Aquakulturen gezüchtet werden, und je nach Bedarf kann die Produktion geregelt werden. Vermutlich sind die Alaskaseelachse in den nördlichen Atlantik und Pazifik immer noch reichlich vorhanden und können ebenfalls bedarfsmäßig gefischt werden. Die Skipjack-Thunfische gehören zu den größten Schwarmfischen, die in den tropischen und subtropischen Gewässern ständig verfolgt und gefangen werden. Die Lachse aus der

---

[l]Der Tsukiji-Fischmarkt befindet sich im Zentrumsgebiet von Tokyo, handelt jährlich mit über 700.000 Tonnen Fischen mit einem Umsatz von über 6 Milliarden US Dollar und gehört zu den größten Fischmärkten der Welt. Mit über 400 verschiedenen Fischarten und Aquaprodukten wird täglich auf diesem Markt gehandelt. Von sehr kleinen Fischen, von wenigen Zentimetern Größe bis hin zu über 900 kg wiegenden Blufin-Thunfischen oder vom einfachen billigen Seegras bis zum sehr teuren Belugakaviar gehören alle diese Produkte zu den gewöhnlichen Handelswaren. Um 3 Uhr morgens landet die Ware aus aller Welt auf dem Tsukiji-Fischmarkt, und um 5:20 Uhr beginnt der Großhandel mit den Auktionen und endet um 7 Uhr. Anschließend verlässt die Ware den Großhandel für die weitere Lieferung. Zwischen 5:30 Uhr und 8 Uhr ist der Markt sehr lebendig und schließt um 11 Uhr.

norwegischen und chilenischen Zucht haben das Potenzial, um die Nachfrage der Märkte zu decken. Aus diesen maßgeblichen Merkmalen wurden diese vier Arten als bedeutendste Fische auf dem Weltmarkt etabiliert.

Bedeutende Fischarten auf dem Weltmarkt im Jahre 2008

Fischarten	Wertmäßiger prozentueller Anteil
Scampi	17
Alaskaseelachs	11
Skipjack	9
Lachs	11

Allein die hier erwähnten Fischarten erzielen einen Gesamtwert von 46% des Weltfischhandels. Die größten Märkte für den Scampihandel sind die USA, Japan und die Europäische Union, und die wichtigsten Exportländer der Scampi sind die VR China, Thailand und andere ostasiatische Länder. Die meist importierte Scampisorte auf dem US Markt ist Gulf Brown, und auf dem japanischen Markt ist es Indian White. Beim Lachsexport stehen Norwegen und Chile an der Spitze des Weltmarktes. Die Scampi und der Lachs stammen vorwiegend aus den Aquakulturen und können bestimmten Ländern zugeordnet werden. Die Alaskaseelachse und die Skipjaks werden auf den Weltmeeren gefangen und gelten nicht als genaues Erzeugnis einzelner Länder.

Die Scampi

Scampi ist in dieser Untersuchung ein Sammelbegriff für die Krustentiere mit unterschiedlichen Trivialnamen, wie Schrimps, Prawn, Gambas, Garnele, Granat, Hummer, Krabbe, Lobster, Langusten oder Eismeerschrimps. Scampi gehören zu den beliebtesten Fischarten in den Industrieländern und beanspruchen demzufolge bis zu 90% der Welt-Scampiexporte.

Das Scampifleisch enthält 70-85% Wasser, 15-22% Proteine, 1% Mineralstoffe, 0,5-1% Fett und 0,3% Kohlenhydrate. Der Kohlenhydratgehalt ist ein besonderes Merkmal des Scampifleisches, weil die gewöhnlichen Speisefische keine Kohlenhydrate besitzen. Vielleicht vermitteln die Kohlenhydrate den leicht süßlichen Geschmack.

Der besondere Vorteil am Scampiverzehr ist, dass die essbaren Teile aller Krustentiere keine Gräten enthalten.

Das Fleisch von Scampi ist sehr verderblich, und selbst halbtote Tiere gelten als verdorben. Aus diesem Grund kommen Scampi als gefroren, gekocht, konserviert oder als lebendige[I] Fische auf den Weltmarkt. Wegen der schnellen Verderblichkeit wurden Scampi ursprünglich nur lokal konsumiert. Eine saisonbedingte große Fangmenge wurde in der Sonne getrocknet, die im traditionellen Handel als Trockenscampi bekannt waren. Der Einsatz der schnellen Verkehrsmittel und die bestehende Kühlkette ermöglichten einen globalen Handel mit den einst extrem verderblichen Fischarten, und so wurden die Scampi die wertvollste Fischware der Welt. Wegen der hohen Einnahmen werden die Scampi eher exportiert als zum einheimischen Verbrauch verwendet.

Zehn Länder wie die VR China, Indien, Indonesien, Thailand, USA, Viet Nam, Kanada, Japan, Philippinen und Malaysien erzeugen zusammen über 80% der gut neun Millionen Tonnen Welt-Scampiproduktion. Die VR China erzeugt allein die Hälfte. Sie hat das schnellste Wachstum im Bereich der Marikultur. Zwischen den Jahren 2000 und 2003 wuchs die Mariscampizucht mit einem jährlichen Wachstum von 43% und erreichte eine Produktionsmenge von über 46% der Weltproduktion.[60] Länder wie Indien, Indonesien, Thailand und Viet Nam beteiligen sich wettbewerbsmäßig an dem Scampiexport in die Industrienationen.

Japan und USA importieren zusammen 40% des Welt-Scampiexportes. Die USA importiert 80% ihres nationalen Scampiverbrauchs. Bei den Pro-Kopf-Scampiimporten liegt Japan an der Weltspitze. Parallel mit Japan und den USA ist die Region der Europäischen Union der bedeutendste Scampiimporteur und Verbraucher. Über 30% der Welt-Scampiexporte gehen in die Länder der EU, wo die wichtigsten Verbraucherländer Spanien, Frankreich, Großbritannien, Italien und die BR Deutschland sind.

[I]Die Wassertemperatur von Zuchtscampi wird innerhalb von 3 Stunden von 24°C auf 12°C reduziert, und damit werden die Fische, außer ihren Gliedern, körperlich unbeweglich und färben sich rötlich. Die Fische werden in 2 kg Kartons, mit einer gefrorenen Sägemehlschicht, verpackt. Die beweglichen Glieder beweisen, dass der Fisch noch am Leben ist. Auf diese Weise verpackte Scampi überleben im Sommer 2 Tage und im Winter 7 Tage (UNDP; Shripm Nutrition in Japan – A Study Tour-Report, S. 4, Bangkok 1980/2007).

Alaskaseelachs

Der Alaskaseelachs (Alaska Pollock) gehört zu den dorschartigen Fischen, die in den kalten Gewässern des Nordmeeres beheimatet sind. Seit Mitte der 80er Jahre wurde der Alaskaseelachs als regelmäßiger Handelsfisch eingeführt. Die Fische werden in der Region Alaska und im Beringsee gefangen, und aus diesem Grund wurden sie mit dem Trivialnamen etikettiert. Die geographische Verbreitung des Alaskaseelachses findet von der US-amerikanischen Westküste über die Küste von Kanada, Alaska, durch den Beringsee bis nach Japan statt.[61] Das helle und fettarme Fischfilet ist mittlerweile die größte einzelne Fischware der Welt geworden. Die Weltproduktion von Alaskaseelachs lag im Jahre 2007 bei 3 Millionen Tonnen, und die wichtigsten Fangnationen waren die USA, Kanada, Japan, die VR China, Südkorea und Russland.

Der Alaskaseelachs gehört zum Weißfisch, der nur im Leberbereich Öl beinhaltet, welches nach dem Fang an Bord, samt Innereien, entfernt wird. Das Filet ist für den Direktverzehr geeignet, und gleichzeitig gilt es als der größte Rohstoff für die Fischindustrie. Produkte, wie Fischstäbchen, Fischnuggets, Fischfilets etc., werden hauptsächlich aus Alaskaseelachs hergestellt. Eine dieser Fertigwarenprodukte ist Surimi[I], das zu einem bedeutenden Anteil aus Alaskaseelachs hergestellt wird.

Der Alaskaseelachs ähnelt dem Kabeljau, der seit über tausend Jahren gefischt und mittlerweile als sehr bedrohte Fischart deklariert wurde. Der Lebensraum der beiden Fische ist identisch, und die riesigen Fangmengen deuten darauf hin, dass diese Fischarten in großen Schwärmen leben und bei einer Überfischung vom Aussterben bedroht sein werden. Die wichtigsten Verbraucherländer des Alaskaseelachses sind die EU (15), USA und Japan. In der EU sind die wichtigsten Importländer die BR Deutschland, Großbritannien und Frankreich. Die BR Deutschland ist mittlerweile die größte Alaskaseelachsverbrauchernation der Welt geworden. Im Jahre 2007 importierte die BR Deutschland 164.400 Tonnen gefrorene Alaskaseelachsfilets, ein Wachstum von über 2% im Vergleich zum Vorjahr. Damit verzehrten die Bundesbürger im Jahre 2007 pro Kopf durchschnittlich über 2 kg Alaskaseelachsfilet.[62]

[I]Surimi ist eine sehr feingehackte Fischpaste, die mit verschiedenen Zusatzstoffen gehärtet, geformt und aromatisiert wird. Die Rohstoffe der Surimi bestehen aus Alaskaseelachs, Tintenfisch, Krill und vielen anderen Fischarten mit heller Farbe. Die ursprünglich aus Japan stammende Surimi wird zunehmend in Europa und Nordamerika beliebt.

Skipjack und andere Thunfische

Der bis zu 70 cm groß werdende und bis zu 18 kg wiegende Skipjack-Thunfisch lebt in den warmen Gewässern der Weltmeere. Der Wanderfisch schwimmt in großen Schwärmen und wird hauptsächlich im Indischen und Pazifischen Ozean gefangen. Wegen der passenden Körpergröße, des Gewichts und der großen Vorkommen sind die Skipjacks als Dosenfisch sehr geeignet. Über 55% der Thunfischproduktion stammt vom Skipjack, und aus diesem Grunde zählt Skipjack zu den wichtigsten Thunfischarten auf dem Weltmarkt. Die Fangflotte der Skipjack ist für mehrmonatige Fangreisen unterwegs und läuft dann zum Abladehafen ein, wenn die Lagerkapazitäten an Bord voll werden. Die Gesamtfangmenge der Skipjack lag im Jahre 2007 bei 2,4 Millionen Tonnen. Die restlichen 45% der Thunfische stammen von anderen Arten, wie Albakore, Bigeye, Yellowfin, Bonito und Bluefin-Thunfische.

Thunfische unterscheiden sich von anderen Fischarten anhand des Geschmacks und der Farbe. Das feste Fischfleisch von unterschiedlichen Thunfischarten ähnelt dem Fleischgeschmack der Landtiere, wie Rind oder Hähnchen. Die rosa bis dunkelrote Fleischfarbe vermittelt ebenfalls den Gedanken an Fleischkonsum. Dazu kommen noch die riesigen Fangmengen, wodurch sich der Thunfischkonsum im letzten halben Jahrhundert zu einer der wichtigsten Fischarten für den Weltmarkt entwickelt hat. Die größten Thunfischfangnationen sind Japan, Thailand, Spanien und Taiwan. Japan ist der größte Thunfischproduzent und gleichzeitig wertmäßig der größte Thunfischimporteur der Welt. Bis zu 80% der japanischen Thunfischimporte werden für die Herstellung von Rohfischprodukten, wie Shashimi, verwendet. Die Europäische Union und die USA sind die größten Verbraucher der Thunfischkonserven. Die USA konsumiert alleine über 33% der Welt-Thunfischkonserven. Außer in Japan bestehen die gesamten Thunfischimporte der Welt hauptsächlich aus Konserven.

Lachs

Der ursprüngliche Diadromer wird in der Meeresaquakultur gezüchtet und nach einem bestimmten Körpergewicht vermarktet. Die gezüchtete Lachsspezies ist der atlantische Lachs, der in den kalten Gewässern des Nordatlantik beheimatet ist und zum Laichen in die Binnengewässer wandert. Der pazifische Lachs lebt im gleichen Breitengrad wie der atlantische Lachs, aber nur auf der pazifischen Seite, zwischen den Gewässern vom westlichen Kanada, Alaska und dem Nordosten Siberiens.[63] Die Lachse aus der Aquakultur erreichen eine Produktionsmenge von etwa 66% der weltweiten Lachsproduktion.[64]

Die wichtigsten Erzeugerländer sind Norwegen und Chile mit jeweils 775.000 und 488.000 Tonnen für das Jahr 2008.[65] Die wichtigsten Verbraucherländer sind die EU (15), die USA und Japan. In den Industrieländern ist der Lachs ein hochgeschätzter Speisefisch, und bedarfsgemäß kann die Produktion erhöht werden.

Die Preise der Exportfische sind überwiegend an den Importmärkten der USA, Japan und der Europäischen Union orientiert. Die anderen Importmärkte sind geringfügig vorhanden, und die gesamten Welt-Fischexporte orientieren sich deshalb auch an diesen Märkten.

Wichtigste Erzeugnisse

Die wichtigsten Produkte auf dem Fisch-Weltmarkt sind Fischmehl, gefrorene Fischfilets, gefrorene Scampi, gefrorene Tintenfische, Fischkonverven und Fischöl. Das einzelne Produkt, das in sehr großen Mengen gehandelt wird, ist das Fischmehl. Wertmäßig steht der Scampi an erster Stelle, jedoch wird dieser nicht in großer Menge gehandelt, wie Fischmehl und gefrorene Fischfilets.

Die gefrorenen Fischfilets bestehen hauptsächlich aus dorschartigen Fischen, wie Alaskaseelachs, Seelachs, Kabeljau, und aus Tiefseefischen, wie Rotbarsch, Steinbeißer, Hoki, oder aus Zuchtfischen, wie Pangasius oder Tilapia. Frische Fischfilets, wie der Victoriabarsch aus dem Victoriasee, werden weltweit per Luftfracht transportiert. Die anliegenden Länder Kenia, Tansania und Uganda, exportieren täglich frische Victoriabarschfilets in die Europäische Union, in die USA, nach Japan und nach Australien. Die Filets werden für den direkten Verbrauch und auch als Rohstoff für die Herstellung von Fischprodukten verwendet.

Die Thunfische werden in zwei Hauptkategorien angeordnet. Erstens als frische oder gefrorene Thunfische, die für den japanischen Shashimimarkt bestimmt sind, und zweitens für die Herstellung von Konserven. Die Thunfische, wie Blufin, Bigeye und Yellowfin, sind für den japanischen Shashimimarkt bestimmt und die restlichen der über 4 Millionen Tonnen Thunfische der Sorte Skipjack, Albacore und Bonito werden konserviert. Der Anteil an Skipjack-Thunfisch bei der Konservierung liegt bei über 50%.

Der wachsende Bedarf an Fischmehl

Jährlich kommen 6-7 Millionen Tonnen Fischmehl auf den Weltmarkt. Seit Beginn der Jahrtausendwende stieg der Bedarf an Fischmehl ununterbrochen an, aber die Produktion konnte nicht bedarfsgemäß aufrecht erhalten werden. Die Ursache liegt am Rückgang der Fangmenge. Obwohl über 23% des weltweiten Fischfangs zu Fischmehl umgewandelt wird, kommen auf dem Weltmarkt nur einige Länder als bedeutende Exporteure von Fischmehl vor. Die wichtigsten Fischmehl produzierenden Länder sind Peru, Chile, Dänemark, Island und Norwegen.

Die starke Nachfrage von Fischmehl auf dem Weltmarkt und das stagnierte Produktionswachstum verursacht die ständige Preissteigerung. Der stagnierte Fischmehlhandel wurde in Bewegung gebracht, als die VR China ab Mitte der 90er Jahre den Fischmehlimport aufgenommen hatte. Mit einem jährlichen Import von 1,2 Millionen Tonnen im Jahre 2005, wurde China mit großem Abstand der größte Fischmehlimporteur der Welt. Gefolgt von der EU (15), mit 0,66 Millionen Tonnen, und den USA, mit 0,61 Millionen Tonnen, stehen diese beiden Gebiete auf dem zweiten und dritten Platz der Fischmehlimporteure.

In den Jahren 1994 bis 2000 kostete eine Tonne Fischmehl nur US$ 350 und stieg auf US$ 1350 im Jahre 2009 an. Diese Entwicklung zeigt, dass innerhalb von 9 Jahren eine Preissteigerung von 286% zustande kam. Wegen der Preissteigerung und der starken Nachfrage kollaborieren große asiatische Fischmehlhersteller mit den peruanischen Fischmehlkonzernen, um die Produktion anzukurbeln. Entlang der peruanischen Küste produzieren Konzerne wie Tasa in deren 16 Großfabriken stündlich 1600 Tonnen Fischmehl.[66]

3. Industriefischerei und Beifang

Der Beifang ist ein neues Produkt des Fischfangs. Der gezielte Fang der Industriefischerei trifft nicht nur die Sorte der gefischten Fischart, sondern auch die andere Flora und Fauna in der Natur. Die Industriefischerei hinterlässt eine verheerende Wirkung in der Umgebung, in der die bestimmte Fischsorte lebt, und laut vieler Meeresforscher ist die Vernichtung unvorstellbar. Wassertiere aller Arten, Amphibien, Korallen, Unterwasserpflanzenwelt sind von den Zerstörungen durch die Industriefischerei derart betroffen, dass diese weit größer sind als der Klimawandel oder die Wasserverschmutzung[67] Die Industriefischerei fängt, je nach Fangflottenart, ein bis zwei Fischsorten, wie Heringe, Thunfische oder Rotbarsch. Weil die Fische in der Natur nicht wie in einer Monokultur existieren, sondern zusammen mit der umgebenden Pflanzenwelt und Tierwelt leben, wird in der Industriefischerei die gesamte Umgebung mit gefangen, an Bord geholt und anschließend aussortiert. Die unnötigen oder unwirtschaftlichen ins Netz gegangenen Lebewesen werden als Beifang bezeichnet. Der Ausmaß des Beifangs in der Industriefischerei ist um das Mehrfache größer als die gefangene Fischmenge. Laut vieler Wissenschaftler ist der Beifang weit verheerender als der Fischfang selbst.

Die Aussortierung aus Schleppnetzen

Die Schleppnetze der Industriefischerei werden in stundenlanger, langsamer Fahrt gezogen. Wenn das Netz an Bord geholt wird, befinden sich in ihm eine Vielfalt von Lebewesen und Gegenständen. In der Regel werden die gewünschten Fischsorten sortiert und der Rest tot oder lebendig ins Meer geworfen. Durch den enormen Druck der tonnenschweren Netze, samt Fang und Beifang, gibt es kaum Überlebenschancen für die gefangenen Fische oder für andere Kreaturen.

Die Scampifischerei verursacht an dieser Stelle einen sehr hohen Beifang und dementsprechend eine hohe Aussortierung. Hier erreicht der Beifang eine fünffach höhere Menge als die gefangenen Scampi. Ein Beispiel: Die Scampifischerei im Golf von Mexiko wirft für jedes kg Scampi 5 kg tote Fische, wie Red-Snapper, ins Meer zurück.[68] Manchmal sind die Beifangmengen viel höher als in der Durchschnittsmenge angenommen. Anhand einer WWF (World Wide Fund For Nature) Untersuchung verursachen für 1 kg Krabben die Nordsee-Krabbenfischerei bis zu 9 kg Beifang.[69] Die Lösungsmethoden der Beifangverminderung sind selten erfolgreich. Das für den Scampifang im Golf von Mexiko installierte Beifangverminderungsgerät BRD (Bycatch Reduction Device) brachte kaum Erfolge. Das installierte Gerät ermöglicht das Entkommen von Jungfischen der Sorte Red-Snapper, die im erwachsenen Zustand eine Größe von 50 cm und ein Gewicht von 20 kg erreichen können. Die BRD-Methode wurde unbeliebt und nicht erfolgreich, weil die Unkosten der Anwendungen viel teurer sind als der kommerzielle Fischfang des Red Snapper.[70]

Der zweitgrößte Beifang unterläuft bei der Grundfischerei. Plattfische, wie Scholle, Seezunge, Heilbutt, Flunder oder Steinbeißer, verstecken sich im Meeresboden. Auch die Grundfische, wie Rotbarsch, Seewolf oder Hoki, verstecken sich im Bereich des Meeresbodens der Tiefsee. Der Fischfang für diese Fischarten wird mit dem Bodenschleppnetz, wie den Dredges, durchgeführt und vernichtet eine große Anzahl anderer Fische und anderer Lebewesen.

Um die vom Aussterben bedrohten Wale zu schützen, stellte die internationale Walfangkommission das sog. Moratorium zusammen. Damit besteht seit 1986 ein vollständiges Walfangverbot in allen Gewässern. Aber laut Berichten, fängt die Industriefischerei mehr Wale als Beifang als in der Glanzperiode des Walfangs.[71] Anhand einer Berechnung bewirtschaftet die Grundfischerei, inklusive der Scampifischerei, 25% der Meeresfischfänge, verursacht jedoch 50% des gesamten Beifangs des weltweiten Fischfangs.[72]

High-grading und Beifang

Der Beifang, der unerwünscht die Netze füllt, wird ins Meer geworfen. Allerdings sind es auch Fische der gefischten Sorte, die ähnlich wie der

Beifang ins Meer geworfen werden, wenn die gefischte Sorte eine bestimmte Größe nicht erreicht oder die Fische zu jung sind. Diese Art von Aussortierung von der gleichen Sorte wird in der Fischereisprache ´High-grading` genannt. Das bedeutet: Platz machen für größere Fische derselben Sorte. Die Lagerkapazität eines Fangschiffes ist begrenzt, und deshalb müssen alle verfügbaren Lagermöglichkeiten wirtschaftlich genutzt werden. Wenn ein Trawler zum Beispiel am Vormittag Fische gefangen hat und die Laderäume damit gefüllt worden sind und am Nachmittag größere Fische derselben Sorte ins Netz gegangen sind, werden die kleineren Fische vom Vormittag ins Meer geworfen, um Platz für die größeren Exemplare zu schaffen. Das ´High-grading` ist besonders bedeutend, wenn die Fangquoten nur begrenzt zugelassen sind. Hier versucht der Fischer für jedes gefangene Kilogramm Fisch den besten Marktpreis zu erzielen. Am Ende des Fanges behalten die Fischer bis zu der Quotenbegrenzung nur die besten Fische.[73] Für diesen hohen Marktpreis gibt es auch einen hohen ökologischen Preis. Die aussortierten und weggeworfenen Jungfische der gefischten Sorten werden nicht den Fischbestand der Zukunft vergrößern, sondern sie sterben als Jungfische, ohne irgendeinen Beitrag für den Nachwuchs geleistet zu haben. Anhand der australischen Fischerei- und Aquakulturbehörde DPI, wird das ´High-grading` nicht nur von der kommerziellen Fischerei verübt, sondern auch auf dem nicht-kommerziellen Sektor sind diese Praktiken sehr weit verbreitet.[74]

Die Delfine als Beifang

Die Delfine sind beliebt, werden aber mit Thunfischen zusammen gefangen und tot aussortiert. Die Delfine begleiten die Thunfische, weil sie die gleiche Nahrung, wie Kleinfische, verfolgen. Gewöhnlich schwimmen die Delfine auf der sichtbaren Wasseroberfläche, und häufig befinden sich genau darunter die Thunfischschwärme. Bis in die 80er Jahre wurde eine Art Delfintechnik, genannt ´Dolphin-set technique`[I], verwendet, indem Thunfische samt Delfine gefangen wurden. Millionen Delfine wurden dabei gefangen und tot ins Meer

---

[I] Bei der ´Dolphin-set technique` werden Netze rings um die Delfine verlegt. Die Netze fallen tiefer und fangen damit die sich unter den Delfinen befindenden Thunfische. In diesem Fall gelten die Delfine als nutzloser Beifang.

geworfen. Wissenschaftler glauben daran, dass der Thunfischfang direkt für den Rückgang der Delfinpopulation verantwortlich war.[75] Durch den weltweiten Protest, die Delfine zu schützen, wurden Maßnahmen getroffen. Die Tötung von Delfinen beim Thunfischfang waren jedoch unvermeidlich, weil die beiden Tiere einen gemeinsamen Lebenszyklus besitzen. Schließlich wurde unter dem UN-Seerechtsabkommen (UNCLOS) eine Rettungsmaßnahme IDCP für die Delfine ins Leben gerufen. Das IDCP (International Dolphin Conservation Program) hat die primäre Aufgabe, die Delfine der Weltmeere zu schützen. Neue Methoden wurden angewendet, um Thunfische ohne Delfine zu fangen. Diese neue Technik wurde als ´Log-set technique`[II] etikettiert. Diese alternative Methode der ´Log-set technique` schont die Delfine, jedoch erhöht sich dadurch der Beifang anderer Fische um das 10 bis 1000fache. Bei der ´Dolfin-set technique` sterben als Beifang pro 1000 Tonnen Thunfische durchschnittlich 19 Delfine, 6 Billfische, 35 Haie und Rochen, 15 größere Fische und 6 Tonnen aussortierte Jung-Thunfische. Andererseits sterben bei der ´Log-set technique` keine Delfine, aber es sterben durchschnittlich 11 Billfische, 236 Haie und Rochen, 5.444 größere Fische und 146 Tonnen aussortierte Jung-Thunfische.[76]

Beifänge pro 1.000 Tonnen Thunfische mit unterschiedlichen Fangmethoden

Beifänge	Delfin-set-technique	Log-set-technique
Delfine	19	0
Billfische	6	11
Haie & Rochen	35	236
Größere Fische	15	5.444
Jungthunfische	6 Tonnen	146 Tonnen

Durch die Bemühungen der IDCP wurde der Delfinbeifang in der tropischen Region des östlichen Pazifik von 133.000 Stück im Jahre

---

[II]Die ´Log-set technique` basiert auf schwimmenden Objekten, die die Fische anlocken sollen. Die Thunfische und andere Fische, außer den Delfinen, interessieren sich für die schwimmenden `Log` oder Gegenstände und sammeln sich rings um diese Objekte. Bei einer Ansammlung von einer bestimmten Schwarmgröße, werden die Netze geworfen, Delfine werden nicht betroffen und der Fang wird als delfinfrei deklariert.

1986 auf 1.636 im Jahre 2000 reduziert. Laut ODIL (Ocean Development and International Law) ging dadurch der Delfinbeifang in dieser Region um 99% zurück, jedoch die Beifänge anderer Fischarten sind um das Mehrfache gestiegen.[77]

Der alarmierende Zustand der Seevögel

Die Kilometer langen Treibnetze wurden, seit deren zunehmender Einführung in den 70er Jahren, eine große Bedrohung für die Existenz vieler Seevögel. Allein bei der Treibnetzsaison im Nordpazifik im Jahre 1990 starben knapp eine halbe Million Seevögel, und 80% der Todesfälle basierten auf der japanischen Jagd auf Tintenfische.[78] Jedes Jahr sterben an den Langleinen über 34.000 Seevögel, wie der Albatros im Südostatlantik.[79] Der Seevogelbeifang kommt deshalb zustande, da die Seevögel sich in den Treibnetzen vertakeln oder die Angelhaken der Langleinen verschlucken. Anhand der Untersuchungen des ´Global Seabird Programme` sterben allein im Südseegebiet jährlich mehr als 100.000 Seevögel, inklusive zehntausender Albatrosse, verursacht durch die legale und illegale Fischerei. Die Langleinen sind manchmal bis zu 100 km lang und schätzungsweise hängen an diesen Langleinen weltweit über eine Milliarde Angelhaken. Die Seevögel verschlucken die Angelhaken und erleben einen grausamen Todeskampf. Von allen bedrohten Vogelarten sind die Seevögel am schlimmsten betroffen. Auf der Roten Liste der bedrohten Vögel liegt die Verschlechterungsrate bei anderen bedrohten Vögeln bei -0,04 und bei den Seevögeln bei -0,15. Damit ist der Seevogel die meist bedrohte Vogelart der Welt, und das liegt allein an der modernen Industriefischerei.[80]

Das Meer ist eine genzenlose offene Wasserfläche, wo die Wasservögel auf der Nahrungssuche sich frei bewegen. Die geographischen Gewässernominierungen, die Aufteilung der exklusiven Wirtschaftszonen und die virtuellen Eingrenzungen der Weltmeere sind für die Natur ungültig. Aus diesem Grunde können weder die Seevögel von den Fischfanggebieten ferngehalten werden, noch ist die Fischerei in der Lage, ein Seevogel-freies-Gebiet aufzusuchen, um dort, ohne Seevögel als Beifang, fischen zu können.

Die Gefährdung der Meeresschildkröten

Die Meeresschildkröten sind auch gewöhnliche Beifänge der kommerziellen Industriefischerei. Außer in der Arktis leben die Meeresschildkröten in allen Weltmeeren. Die in sieben verschiedenen Spezien bekannten Meeresschildkröten können bis zu 600 kg wiegen, 2 Meter groß und über 80 Jahre alt werden. Das Öffentlichkeitsinteresse an Meereschildkröten ist geringfügig vorhanden, und deshalb wurde wenig für deren Schutz unternommen. Langleinen und Schleppnetze töten jährlich unzählige Mengen an Meeresschildkröten. Weil die Meeresschildkröten luftatmende Reptilien sind, müssen sie immer wieder auftauchen. Wenn sie im Netz gefangen werden, sei es im Schleppnetz oder in den Langleinen, ersticken sie innerhalb einer begrenzten Zeit. In den 90er Jahren wurde in den USA eine TED (Turtle Excluder Device) für die Vermeidung des Schildkrötenfangs eingeführt. Trotzdem ist der Beifang der Loggerhead und Kemps-Ridly Schildkröten immer noch sehr hoch.[81] Die Anwendung von TED ist zu teuer, und ein weltweiter Einsatz ist nicht bekannt. Laut WWF Bericht zufolge sterben jährlich über 4.000 Meeresschildkröten allein im Südostatlantik an den Haken der Langleinen.

Haie und Rochen als Beifänge

Haie und Rochen werden als gewöhnliche Fische gefangen, und gleichzeitig werden sie auch als Beifang behandelt. Von den gefangenen Haien werden die Flossen abgeschnitten und der lebendige Körper ins Meer zurück geworfen. Die Haiflossen werden als Nahrungsmittel bezeichnet und vom Codex Alimentarius der FAO unter Codex Standard 189 definiert.[82] Die von den Flossen abgetrennten Haie durchleben einen grausamen Todeskampf. Manchmal sind die Beifänge der Haie und Rochen weit höher als die gefangenen Fische selbst. So ist zum Beispiel beim kanadischen Thunfischfang und Schwertfischfang der Beifang an Blauhaien und Rochen höher als die Thunfische und Schwertfische selbst. Im Vergleich zu den Thunfischen und Schwertfischen werden 47% bis 152% Blauhaie und Rochen als

Beifang an Bord geholt und aussortiert.[83] Über 80% der Haibeifänge gehen auf das Konto der Langleinen, wobei die Haie die Angelhaken verschlucken. Allein im Südostatlantik sterben jährlich über 7.000.000 Haie und Rochen aufgrund der Langleinen.[84]

Möwenplage als Erbe der Industriefischerei

Die Möwen sind Küstenbewohner aller Meere, ein Symbol des Grenzraumes zwischen Land und Meer, unberührter Natur, wurden von vielen Schriftstellern beschrieben, von Dichtern bedichtet und von Malern gemalt. Dieser schöne romantische Vogel wird in der Gegenwart als Plage diffamiert und für die Ausrottung als schlichter Ausweg plädiert.

Bis zum Beginn der Industriefischerei blieb die Möwenpopulation unbemerkt an der Naturgrenze. Als die motorisierten Fischfangflotten mit den langen Netzen die Gewässer durchsiebten, fingen sie mehr Fische als je zuvor. Allmählich spezialiserten sich diese Fangflotten auf ein bis zwei Fischsorten, und der Rest wurde aus den Netzen ausgesondert und ins Meer geworfen. Im Laufe der Zeit wurde die Aussortierung größer als der gezielte Fang. Die Aussortierung fand zuerst in den Fischereihäfen statt und wurde den Möwen zum Fraß hingeworfen. Jahrzehntelang war die Möwenfütterung mit Beifang eine Freude und ein Nebenhobby der Berufsfischer und Fischfabrikarbeiter. Aussortierte Fische, verarbeitete Fischreste und andere Wassertiere wurden das regelmäßige Futter der Möwen. Gleichzeitig leisteten die Möwen die Arbeit der Reinigung und Müllbeseitigung der Fischereiindustrie. Die Möwen vermehrten sich in Abhängigkeit der Futtervorkommen und am Mangel an Naturfeinden. Scharenweise begleiteten Möwen Fischkutter, Trawler, Fangschiffe und Fischfabrikschiffe und vermehrten sich beharrlich in den Küstengebieten.

In den 70er Jahren des 20. Jahrhunderts wurde die Blütezeit der Industriefischerei erreicht. Danach, bedingt durch Überproduktion, Importfische und starker Konkurrenz mit der wachsenden

Fleischproduktion, begann eine Pleitewelle der Industriefischerei. Scharenweise wurden Fischereiflotten innerhalb weniger Jahre stillgelegt, der einheimische Fischfang ging zurück, und die Fleischproduktion stieg an. Die schmutzigen Fischereihäfen wandelten sich zu sauberen Touristenzentren um und die Möwen blieben als unerwünschte Geschöpfe zurück. Diese Entwicklung trifft auf alle Küstenstädte der Industrienationen zu. Zum Teil wanderten die Möwen zu den offenen Mülldeponien und kehrten anschließend zu den herkömmlichen Städten zurück, weil die Mülldeponien entweder geschlossen oder durch bestimmte Maßnahmen Müll als Futter unerschwinglich wurde.

Die Möwen sind langlebende Tiere und erwarten weiterhin von Menschen gefüttert zu werden, wie es die Industriefischerei im letzten halben Jahrhundert getan hatte. Sie üben Sturzflüge auf Menschen, nehmen das Fastfood von den Händen weg, picken Menschen und Haustiere, wie Hunde und Katzen an, und verursachen unerträglichen Lärm in der Nacht. Während der Brutzeit im Frühling werden sie noch aggressiver und lauter. Regelmäßige Presseberichte über diese phänomenalen Erscheinungen gehören zur Tagesordnung vieler Küstenstädte. Abschießen, vergiften und Brutplätze vernichten sind die bisherigen vorgeschlagenen und verübten Maßnahmen gegen die Möwen, dem Erbe der Industriefischerei.

4. Habitatzerstörung und die gefährdeten Fang-gebiete

Fischfang reduziert Fischbestände. Die Fische werden vernichtet, wenn sie, samt alten und Jungfischen, gefangen und gleichzeitig deren Lebensräume zerstört werden. Ähnlich wie die Jagd auf wilde Landtiere und die gleichzeitige Zerstörung der Wälder, werden sie kaum die Möglichkeit haben, ihre Existenz zu sichern. Die Fische sind den Zerstörungsgefahren schutzlos ausgesetzt und werden wiederholt gefischt, ohne Rücksicht auf deren Nachwuchs. Nicht nur die kommerzielle Industriefischerei ist für diese Vernichtung verantwortlich, sondern viele andere mitwirkende Faktoren leisten ihre Beiträge zum drastischen Rückgang der Fischbestände.

Die Bodenfischerei

Eine gravierende Habitatzerstörung verursacht die Grundfischerei oder Bodenfischerei. Auf der Suche nach Grundfischen pflügen die Trawler den Meeresboden und zerstören damit sämtliche benthische Organismen und die gesamte Unterwasserflora und Fauna. Einige dieser Zerstörungen erholen sich innerhalb weniger Wochen, einige brauchen länger, und einige am Boden rezidierende Arten, wie Korallen, Seeschwämme und andere Spezies, brauchen Dekaden bis Jahrhunderte um sich zu wiederherstellen. Diese Phänomene sind identisch mit der vollständigen Waldrodung.[85] Die Habitatzerstörung ist von der Intensität und Frequentierung der Bodenfischerei abhängig. Der Seeboden ist die einzige Unterkunft für viele Spezies und dient als Versteck für pelagische Jungfische. Moderne Trawler, ausgerüstet mit Hochleistungsmotoren und aus Metall hergestellten robusten Grundschleppnetzen, durchpflügen den Meeresboden so sehr, dass kaum ein Lebewesen die Möglichkeit hat, anschließend dort seine Bleibe wiederzufinden. Anhand der Untersuchungen des ´National Research Council` der Vereinigten Staaten, degradiert die Bodenfischerei den Meeresboden, zerstört die Speziesvielfalt und ermöglicht eine leichte Verbreitung von opportunistischen Spezies, wie

Seesternen und einigen kurz lebenden Quallen.[86] Im Great Barrier Reef hat die Scampifischerei gezeigt, dass durch eine einzige Bodenpflügung 5-25% der bodenlebenden Organismen entfernt werden und die Wiederholung dieser Tat eine kumulative Wirkung hat.[87] Um den Meeresboden durchzupflügen, erreichen die Bodennetze eine Tiefe von über 2000 Meter unter der Meeresoberfläche, wo die besondere Art der Zahnfische lebt. Eine korrekte Angabe über die geographische Verbreitung, Intensität und Auswirkung des Bodentrawling ist nicht vorhanden, allerdings sind, anhand einer groben Schätzung, 14,8 Millionen km² von der Bodenfischerei betroffen. Diese Schätzung befasst sich nicht mit der Frequentierung und Intensität des Bodentrawling.[88]

Verwendung von Giftstoffen für den Fischfang

Rotenon als Pflanzengift

In bestimmten Erdteilen wurde Pflanzengift verwendet, um Fische in kleineren Gewässern zu fangen. Eine Menge zerhackter, giftiger Pflanzenwurzeln wurde einfach ins Wasser gemischt oder ins Wasser geworfen. Die von der Giftlösung betroffenen Fische waren sofort tot oder litten am paralytischen Zustand und schwammen auf der Wasseroberfläche und konnten so per Hand eingesammelt werden. Dieses Gift aus den Pflanzen ´Derris` und auch ´Deguelia` wurde als Rotenon[I] bekannt, im Jahre 1912 patentiert und später als Pflanzenschutzmittel industriell hergestellt. Der farblose bis rötliche, geruchslose Pulvergiftstoff ist biologisch abbaubar, wird für die Parasitätenbekämpfung in der Geflügelzucht, als Insektizid im Bereich der ökologischen Nahrungsmittelproduktion, als Bekämpfungsmittel für Wassertiere und auch als Parasitenbekämpfungsmittel für Haustiere, wie Hunde, eingesetzt.

Rotenon verfügt über Insektizider, ein Insektenvernichtungsstoff und Piscizider, ein Fischvernichtungsstoff, und deshalb wurde dieses two-in-one Produkt sehr beliebt. In der Aquakultur gilt Rotenon als das Allheilmittel für die Bekämpfung von unnötigen Wassertieren und

---

[I]Molekülformel $C_{23}H_{22}O_6$

92

unwirtschaftlichen Fischen. Rotenon geriet in die Kritik, als es im Jahre 2000 mit der Parkinsonkrankheit in Verbindung gebracht wurde. Laut Welt-Gesundheitsbehörde (WHO) werden, wenn Rotenon ins Wasser gemischt wird, die herum schwimmenden Fische, je nach Giftkonzentration, bewusstlos oder sterben sofort. Unter der Sonne ist Rotenon für einige Tage haltbar, und danach zerbricht die giftige hochmolekulare Verbindung; jedoch im Wasser kann das Produkt für mehrere Monate aktiv bleiben.[89]

Die Nutzung von Rotenon in wilden Gewässern hinterlässt eine unvorstellbare Vernichtung an allen im Wasser lebenden Tieren, inklusive aller Fischarten. Rotenon wurde im Jahre 2000 in Norwegen in Flüssen verstreut, um die Plage eines Lachsparasiten zu bekämpfen. Laut US-amerikanischer Umweltbehörde EPA (Environmental Protection Agency) wird Rotenon für die Bekämpfung von unerwünschten Fischen in den Seen, Teichen, Talsperren, Flüssen, Bächen und Aquakulturen eingesetzt. Die Anwendung erfolgt per manueller Streuung, per Boot und per Hubschrauber und zwar das ganze Jahr hindurch.[90] EPA berichtet über viele fatale Fälle der Rotenonanwendung in der Natur. Für die Ausrottungsversuche des Riesen Hechts (*Esox lucius*) im Lake Devis in Kalifornien, wurde von der kalifornischen Fisch- und Jagdbehörde DFG (Department of Fish and Game) im Jahre 2006 und 2007 Rotenon eingesetzt. Um den bis zu 1,5 Meter groß und 25kg schwer werdenden Riesen Hecht zu vernichten, mussten bedeutende Mengen an Rotenon eingesetzt werden, und als Resultat starben tausende von Fischen aller Art.[91] In einem anderen Fall wurde in Missouri die Karpfenplage in einem Fischteich mit Rotenon bekämpft und anschließend das Wasser in einen Bach abgeleitet. Bis zu 4km entlang des Baches wurden daraufhin zahlreiche tote Fische gesichtet.[92]

Rotenon ist ein sehr bekanntes und beliebtes Produkt unter Geflügelhaltern, Ökobauern und Fischzüchtern. Weltweit ist das Produkt in verschiedenen Variationen erhältlich, aber über die vielfältige Wirkung ist wenig bekannt. Es ist nur eine Frage der Zeit, wann das Produkt in die Hände der Berufsfischer und Hobbyfischer gelangen wird. Vielleicht existiert schon eine funktionierende Rotenonfischerei, die täglich ihre Fänge an lokale und internationale Mäkte liefert. Weil der Giftstoff in der Luft in wenigen Tagen weitgehend abgebaut wird, können durch Untersuchungen kaum die Rotenonspuren festgestellt werden.

Natriumcyanid

Giftstoffe, wie Natriumcyanid[I], werden eingesetzt, um Fische lebendig zu fangen. Die kommerzielle Nutzung von Natrumcyanid hatte in den 60er Jahren auf den Philippinen begonnen. Allmählich verbreitete sich die Verwendung in Indonesien, Viet Nam, Taiwan, Malaysien und anschließend fast in allen asiatischen Küstenstaaten. Über 66% der Korallenriffe dieser Länder sind von den destruktiven Fischfangmethoden stark betroffen.[93]

Der Fischfang mit Natriumcyanid vernichtet nicht nur die gefischten Fischsorten, sondern alle anderen Spezies in der Umgebung. In der Regel wird Natriumcyanid in den Korallengewässern ausgeschüttet, die Fische werden dadurch betäubt, sie schwimmen anschließend auf der Oberfläche oder bleiben unbeweglich und können per Hand eingesammelt werden. Im frischen Wasser werden einige der Fische wieder lebendig, die später als lebendige Fische verkauft werden. Lebendige Fische erzielen hohe Marktpreise, werden hauptsächlich für Aquarien und größere Exemplare als Speisefische verwendet. In den beliebten Restaurants der Metropolen, wie Hongkong oder Singapore, werden lebendige Fische der Cyanidfischerei sehr gut abgesetzt. Allein in den Philippinen wurden seit der ersten Anwendung in den 60er Jahren mehr als eine Million Kilogramm Cyanide in den Riffen verstreut. Im Vergleich zu den Philippinen, ist das riesige indonesische Archipel weit mehr von der Cyanidfischerei betroffen.[94] Durch die Verwendung von Natriumcyanid sind nicht nur die Fische betroffen, sondern auch der Fischer selbst, der diesen Giftstoff einsetzt. Aus diesem Grund leiden viele junge Menschen in Indonesien an Lähmungsbeschwerden. Die Nutzung von Natriumcyanid ist in Indonesien gesetzlich verboten, aber unlogischerweise ist es nicht verboten, Natriumcyanid in Fischerbooten zu deponieren und zu transportieren.[95]

[I]Natriumcyanid ist eine hochgiftige chemische Verbindung (NaCN), die hauptsächlich für die Gewinnung von Gold und Silber eingesetzt wird.

Die Dynamitfischerei

Die Nutzung von Dynamit für die Zwecke des Fischfangs ist fast genauso alt wie die Erfindungsgeschichte des Dynamits selbst. Während des und nach dem Zweiten Welkrieg wurde dieser Kampfstoff weit verbreitet für den Fischfang eingesetzt. Die Dynamitfischerei, bekannt auch als `Blast fishing`, basiert auf Unterwasserexplosion jeder Art. Die Dynamitfischerei ist gleichzeitig günstiger als viele andere Arten des Fischfangs, weil hier kaum Schiffe, Boote, Netze etc. beansprucht werden. Die Dynamitstangen werden vom Ufer aus oder von einer Klippe ins Wasser geworfen und anschließend die Fische eingesammelt. Durchschnittlich kann ein Kilogramm Dynamit in Bierflaschengröße einen Krater von 1 bis 2 Metern Durchmesser hinterlassen und 50-80% der Korallen in der Umgebung vernichten. In vielen Erdteilen, besonders von Südostasien über die süd- und westpazifischen Inseln, Zentralamerika, der Karibik bis zum afrikanischen Kontinent, werden Dynamit und andere Sprengstoffe immer noch als eine gewöhnliche Methode zum Fischfang eingesetzt.[96] In den Philippinen verwenden über 70.000 Fischer bzw. 12% der Berufsfischer tagtäglich Sprengstoffe für den Fischfang. Über 75% der indonesischen Archipelriffe wurden von der Dynamitfischerei degradiert.[97]

Der Sprengstoff für das Blast fishing wird vom Fischer selbst hergestellt. Eine weit verbreitete Methode ist es, Kerosin und Kunstdünger dafür als Rohstoff zu verwenden.[98] Wöchentlich werden 40.000 dieser selbstgebastelten Bomben alleine in Nicaragua für das Blast fishing eingesetzt. Die Sprengstoffe vernichten nicht nur die Fische und Korallenriffe, sondern es gibt auch viele Tote unter den Fischern, und viele verlieren dabei ihre Gliedmaßen oder werden blind.[99]

Der Fischfang mit Sprengstoff zeigt keine Grenze und ist wortwörtlich außer Kontrolle geraten. Die Bastelrohstoffe für die Sprengstoffherstellung gehören zu den gewöhnlichen Konsumgütern, können getrennt gelagert und legal transportiert werden. In der Abgeschiedenheit, in der Stille und in einsamen Lagen werden die Praktiken der Unterwasserexplosionen durchgeführt, die Fische eingesammelt und an die Märkte geliefert. Die Nachfrage und der Bedarf an Fisch lässt nicht nach und die Preise gehen auch nicht runter. Oft wird als Hintergrunde der Dynamitfischerei die Armut und

Arbeitslosigkeit genannt. In der Tat ist die Dynamitfischerei ein lukratives und gewinnbringendes Gewerbe, indem mit wenig Arbeit sehr viel verdient werden kann. Hierzu eine Aussage eines Fischers:

"Sie fahren aufs Meer mit einer Bombe und bringen 400 Kilogramm Fische mit".[100]

Jedoch sind die Fischbestände in den Dynamitfischerei praktizierenden Gegenden drastisch abnehmend, und eine baldige Erholung ist nicht in Sicht.

Kernwaffentest

Unterwasserexplosionen mit nuklearen sowie konventionellen Waffen wurden in den vergangenen über 60 Jahren durchgeführt. Die Ergebnisse der Detonationen, sowie die Verseuchung durch die Radioaktivität, sind von sehr großem Ausmaß. Zwischen den Jahren 1945 und 1992 wurden weltweit insgesamt 2044 Nukleartests durchgeführt, davon fanden 711 Tests in der Atmosphäre und unter Wasser statt. Allein diese 711 Tests verfügten über eine Sprengkraft von 438 Megatonnen bzw. waren identisch mit 29.200 Hiroshimabomben. Diese in der Atmosphäre oder unter Wasser durchgeführten Nukleartests hatten 4.200 Kilogramm radioaktives Plutonium freigesetzt. Die Unterwassernukleartests wurden bis zu einer Tiefe von 600 Metern durchgeführt, wo der Meeresboden von zahlreicher Flora und Fauna habitiert war. Die bekanntesten dieser Testgebiete sind das Bikini Atoll, die Weihnachtsinsel, das Eniwetok Atoll, Fangataufa Atoll, Johnson Atoll, die Malden Insel, das Mororua Atoll, die Monte Bello Insel, die arktische Inselgruppe Novaya Zemlya und der Südatlantik.[101]

Verschmutzung und übermäßiger Frischwasserverbrauch

Die meisten Binnengewässer der bewohnten Gebiete gelten als verschmutzt. Das Wissen über die Verschmutzung von Wasserressourcen ist neu, und die Versuche, diese Ressourcen zu retten, befinden sich im Anfangsstadium. Binnengewässer, wie Flüsse, Seen, bis hin zur Meeresküste, wurden immer als Entsorgungsstellen für Abfälle benutzt. Allerdings waren die resultierenden Wirkungen nie so katastrophal wie im Industriezeitalter. Die traditionellen Abfälle waren biologisch abbaubar und stammten aus pflanzlicher oder tierischer Herkunft. Die industrielle Entwicklung des 19. und 20. Jahrhunderts ermöglichte eine Vielfalt von Industrieprodukten mit komplexen chemischen Zusammensetzungen. Die daraus resultierenden neuen Abfälle können zum größten Teil als Gift für die Natur bezeichnet werden. Bis zum Anfang der zweiten Hälfte des 20. Jahrhunderts, war die Entsorgung von Indurstrieabfällen in den Gewässern weltweit gang und gäbe. Außerdem hat die übermäßige Nutzung von Küstdünger die Binnen- und Küstengewässer zum Teil der Eutrophierung[1] preisgegeben.

Das mit Giftchemikalien verseuchte Abwasser aus der Industrie, den Siedlungen und der Landwirtschaft führt zum drastischen Rückgang der Fischbestände. Die Giftstoffe beschädigen die Biodiversität der Flüsse, und oft werden die Giftstoffe über hunderte von Kilometern in das Meer hineingetragen. Der Rückgang der Fischbestände in den Binnen- und Küstengewässern steht in direkten Zusammenhang mit der Gewässerverschmutzung.

Übermäßige Nutzung von Frischwasserressourcen

Die wichtigste Quelle für die landwirtschaftliche Bewässerung sind die Flüsse. Die Frischwasserseen befinden sich vorwiegend in sehr hoch gelegenen Lagen und in sehr dünn besiedelten bis unbesiedelten Gegenden. So bleiben die Flüsse und sehr wenige Frischwasserseen

---

[1]Belastung von Böden und Gewässerböden durch anorganische Stoffe, wie Kunstdünger. Durch die übermäßige Zufuhr von Nährstoffen wird das Ökosystem der Gewässerböden völlig verändert. Eutrophierung bedeutet die Veränderung der Trophiestufe, wodurch das schnelle Wachstum und die Verwesung von Pflanzen ermöglicht und gleichzeitig der Sauerstoff aus dem Wasser gezogen wird. Damit wird das Sterben von Wassertieren verursacht.

für die künstliche Bewässerung übrig. Länder und Gebiete mit niedrigerem Niederschlag beanspruchen die Flüsse als einzige Frischwasserquelle. Wo es wenig regnet, dort scheint die Sonne häufig. Sonne und Wasser sind die besten Voraussetzungen für die schnell wachsenden Nahrungspflanzen, aber der Mangel an Frischwasser verhindert das schnelle Wachstum. Viele Länder mit reichlich Sonne und sehr wenig Frischwasservorkommen produzieren seit geraumer Zeit exportorientierte ´cash-crop` Produkte und beliefern damit den Weltmarkt. Ein Land mit niedrigem Niederschlag ist oft nicht in der Lage, ausreichende Nahrungsmittel für die eigene Bevölkerung zu produzieren. Wenn dieses Land beginnt, eine überregionale Bevölkerung mit landwirtschaftlichen Produkten zu versorgen, werden die vorhandenen Wasserressourcen darunter sehr leiden. Die Landwirtschaft allein verbraucht über 70% des Wasserbedarfs, und wenn die landwirtschaftlichen Produkte exportiert werden, wird der Wasserverbrauch direkt von der Exportmenge abhängig. In einem Gebiet, in dem die Frischwasserressourcen sehr begrenzt vorhanden sind, sind auch die dort lebenden Wassertiere und Wasserpflanzen von diese Knappheit betroffen. Allein durch den Anbau von exportorientierten Produkten sind weltweit zahlreiche Flüsse und Seen ausgetrocknet, ist der Wasserspiegel erheblich zurückgegangen oder, wie der Aralsee, vom Austrocknen bedroht. Als Resultat sind viele der Fischarten ausgestorben, viele sind vom Aussterben bedroht, oder deren Populationszahl ist stark zurückgegangen.

Dammbau als Bewegungshindernisse für die Wanderfische

Die Diadromer sind die Fischarten, die sich zwischen dem Salzwasser und Frischwasser bewegen und eine bestimmte Zeit ihres Lebens in den unterschiedlichen Gewässern verbringen. Anders als die Diadromer, gibt es zahlreiche Fische, die in ihrem Leben flussabwärts und flussaufwärts schwimmen. Sie schwimmen von den Unterläufen, den Brackwasserbereichen bis in die Oberläufe, finden ihr Laichversteck und ihre Nahrung, und gleichzeitig bilden sie die Nahrungskette. Alle diese Fischwanderungen in das Landesinnere wurden durch den zunehmenden Dammbau verhindert. Fast alle Flüsse der Welt, wo der

Niederschlag sich nicht ausreichend für die Landwirtschaft auswirkt, werden durch eine oder mehrere Staudämme oder durch Talsperren unter Kontrolle gehalten. Die großen Staudämme erreichen eine Dammhöhe von 15 bis 300 Metern. Weltweit wurden bisher über 45.000 derartig große Staudämme gebaut. Unter 15 Meter Staudämme sind ebenfalls zahlreich vorhanden. Anhand der WCD (World Commission on Dams) Angaben besitzt allein die VR China über 22.000 große Staudämme und insgesamt über 85.000.[102] Oft wurde derselbe Fluss durch mehrere Dämme gestaut, und in jedem Abschnitt befindet sich, je nach Umfang des Flusses, ein Staudamm. Die Flussabschnitte leiden nach einem Staudamm am Wassermangel, und das Wasser staut sich zu Beginn eines Staudamms. Diese regelrechte Blockade in einem Naturfluss hat katastrophale Auswirkungen auf die Fischwanderungen jeder Art und zerstört damit die Lebensräume und Lebensarten vieler Fische.

Alienphänomen

Neozoen

Neozoen sind die Tiere, die durch Menschen in einem fremden Gebiet verbreitet wurden und die sich dort erfolgreich vermehren. So wird zum Beispiel ein Kleinfischschwarm aus einem Gewässer zu einem ganz anderen Gewässer, mit fremden Lebensbedingungen, gebracht. In der neuen Heimat wird dieser Fischschwarm entweder eingehen, sich dort den fremden Lebensumständen anpassen und normal weiter leben oder sich durch die vorhandenen vorteilhaften Umstände im großen Stil vermehren. Bei einem passenden Klima, einem reichlich vorhandenen Nahrungsangebot und dem Mangel an Naturfeinden wird es zu einer raschen Ausbreitung der neuen Spezies kommen, und oft wird die hiesige Spezies verdrängt.

Der Fisch ´Nil Perch` wurde im Jahre 1962 im Viktoriasee ausgesetzt. Das Ziel dieses Verbreitungsversuchs war die Beschaffung von mehr Nahrung für die einheimische Bevölkerung. Innerhalb von wenigen Jahren hatte sich der ´Nil Perch` im gesamten Seegebiet ausgebreitet. Er erreicht eine Körperlänge von bis zu zwei Metern und ein Gewicht von bis zu 240 kg. Der ´Nil Perch` hat weder Naturfeinde im Viktoriasee noch existiert dort ein Nahrungsmangel, er hat keine Schwierigkeiten mit den klimatischen Bedingungen und steht deshalb ganz oben in der Nahrungskette. Als Resultat hatte dieser Mammutfisch über 350 beheimatete Fischarten im Viktoriasee vernichtet bzw. verspeist. Die kommerzielle Fischerei im Viktoriasee nahm erheblich zu, und die angrenzenden Länder profitieren von den lukrativen Exporteinnahmen durch das sogenannte Viktoriabarschfilet, das regelmäßig in den Industriestaaten vermarktet wird. Die Vielfalt der Fische ist drastisch zurückgegangen, und die kommerzielle Fischerei fängt nur drei Spezies, wie Nil Perch, Nil Tilapia und Dagaa[l], der einzige einheimische Fisch aus dem Viktoriasee.[103]

Ein anderes Beispiel ist der Moskitofisch aus Nordamerika, der ab der 20er Jahre des 20. Jahrhunderts weltweit verbreitet wurde. Der Verbreitungsgedanke für den bis zu 6 cm groß werdenden Fisch lag in der Bekämpfung der Mückenplage, da dieser Fisch sich von den Mückenlarven ernährt. Es war jedoch nicht bekannt, dass der Moskitofisch nicht nur die Mückenlarven frisst, sondern alle andere Larven auch, wie neu geschlüpfte Jungfische und Insekten. Die Moskitofische vermehrten sich sehr schnell, verfügten kaum über Naturfeinde, und ein Weibchen kann, mehrmals im Jahr, bis zu 100 Jungfische zur Welt bringen. Laut einer Beobachtung vermehrte sich seine Population von 7.000 Fischen, innerhalb von 5 Monaten, auf 120.000 Fische. Die verheerende Wirkung des Moskitofisches ist in Australien und Neuseeland deutlich spürbar.[104]

So wurden in den letzten über 100 Jahren zahlreiche Fischarten aus ihren natürlichen Heimatgebieten zu einem anderen Gebiet gebracht, wo sie sich erfolgreich vermehrten und gleichzeitig die einheimischen Fische verdrängten. Tilapia, Karpfen, Barsch, Schlangenkopffisch gehören zu den vielen Fischarten, die weltweit verbreitet worden sind und für die dortigen Fische eine Bedrohung darstellen.

Neophyten
Neophyten sind diejenigen Pflanzen, die, nach der Entdeckung der amerikanischen Kontinente, durch Menschen in anderen Gebieten verbreitet wurden und die sich in der neuen Heimat erfolgreich vermehrten. Eine große Anzahl von Kulturpflanzen, Wildkräutern oder Bäumen verbreitete sich auf diese Weise auf vielen Erdteilen. Bei einem

---

[l]Der Dagaa (*Rastrineobola argentea*) ist ein bis zu 9 cm groß werdender Kleinfisch. Der pelagiale Schwarmfisch lebt oft fern von der Küste oder in der Tiefe und verfügt über ein schnelles Wachstum.

Mangel an Naturfeinden und vorteilhaften klimatischen Bedingungen können die Neophyten an der einheimischen Flora und Fauna erhebliche Schäden verursachen. So wurde zum Beispiel die Wasserhyazinthe Ende des 19. Jahrhunderts aus dem südamerikanischen Kontinent weltweit verbreitet. Innerhalb weniger Jahre hatte dieser Neophyt eine große Fläche der Binnengwässer in Asien, Afrika bis nach Australien bedeckt. Es gibt weder einen Herbivora, der diese Pflanze frisst, noch irgendeine pestartige Krankheit, die diese Pflanze gefährdet. Die Schwimmpflanze verdoppelt sich innerhalb von zwei Wochen, verdeckt die Unterwasserlichtzufuhr, zieht den Sauerstoff aus dem Wasser und lässt das Wasser schneller evaporieren, als es bei einer offenen Wasserfläche der Fall ist. Als Folge sterben die Fische und die Unterwasserpflanzen.[105]

Die Wasserhyazinthe wird über einen Meter groß, aber die durchschnittliche Höhe liegt bei 40 cm. Die dichtwachsende Wasserpflanze deckt die Binnengewässer so sehr zu, dass Tiere, wie Eisvögel, Fischadler, Fischreiher oder Fischottern, die sich von den Fischen ernähren, nicht an das Wasser heran können und der größte Teil dieser Tiere sind dadurch verschwunden. Die Gefahrerkennung der Wasserhyazinthe und deren Bekämpfung ist ziemlich neu, und zum größten Teil hat die Bekämpfung immer noch nicht stattgefunden. Unterschiedliche Vorschläge, die Wasserhyazinthe zu bekämpfen, sind biologischer, chemischer und physischer Art, und auch die Nutzung als Rohstoff ist theoretisch vorhanden, jedoch ein aktiver und erfolgreicher Ausrottungsversuch aus einem bestimmten Gebiet ist bisher nicht bekannt. Die biologischen Vorschläge, wie die Einfuhr von Schädlingen in Form von Insekten, Pest oder Pilzkrankheiten, können andere Pflanzen beschädigen. Die chemische Lösung, Benutzung von Herbiziden, wie Diquat und Glysophat, ist schädlich für die Menschen und die Umwelt.[106] Die physische Version ist sehr arbeitsintensiv und benötigt technische Unterstützung in Form von Wasserfahrzeugen, Trecker, Bulldozern etc. Laut einer Studie wachsen auf einer Fläche von einem Acre bis zu 200 Tonnen Wasserhyazinthen.[107] Die mögliche Nutzung von Wasserhyazinthen für die Herstellung von Zellstoff, Fasern, Brennstoff oder Biogas befindet sich immer noch in der Experimentierphase. In Ländern wie China und Malaysien werden die Pflanzen mit anderen Zutaten gekocht und als Schweine- und Rinderfutter verwendet.[108] Die Pflanze verbreitet sich seit über 100 Jahren und vernichtete in diesem Zeitraum unzählbare Fische, Wasserpflanzen, Wasservögel und andere Tiere und Insekten.

Die Auswirkungen der Neozoen und Neophyten sind Auslöser radikaler Änderungen in einer bestimmten Vegetationszone. Dadurch wird das bisherige Gleichgewicht zwischen Tier- und Pflanzenwelt wie ein Alienphänomen massiv verändert.

Die Fanggebiete und die Lage der Fischbestände

Berichten zufolge liegen 50% der weltweiten Gesamtfischbestände unter dem Fangbereich der Fischerei, 25% der Fischbestände sind schon überfischt, und in den restlichen 25% wurde teilweise gefischt.[109] Die meisten der ersten 10 Fischarten der Hochseefischerei, die über 30% des gesamten Fischfangs ausmachen, sind schon überfischt worden, und so kann eine Steigerung der Fangmenge nicht mehr erreicht werden. Zum Beispiel sind die Sorte Anchovis im Südostpazifik, der Alaskaseelachs im Nordpazifik, der Blaue Whiting und die Heringe im Nordatlantik völlig überfischt worden. Die chilenische Jack Makrele, der Gelbfloss Thunfisch und zum Teil der Skipjack Thunfisch im Südpazifik, Pazifik und im indischen Ozean sind teilweise völlig ausgebeutet wurden.[110]

Über 90% der Seefische leben in den Küstengewässern bis zu mehreren hundert Seemeilen in das Meer hinein. Nur die pelagischen Wanderfische, die von einer Küste zur anderen schwimmen, befinden sich häufig im offenen Meer. Aus diesem Grund liegen die Fanggebiete und die Fangbecken immer entlang des Kontinentalschelfs der Inseln und des Festlandes. Je nach Lage wurden diese Fanggebiete in verschiedene Teile mit Nummerierung aufgeteilt. So wurde zum Beispiel die Arktik in das Gebiet 18 oder der Südwestpazifik in das Gebiet 81 eingeteilt. Die bisher bekannten Fanggebiete und Fangbecken sind der Nordwestatlantik (NWA), Nordostatlantik (NOA), westlicher Zentralatlantik (WZA), östlicher Zentralatlantik (OZA), Mittelmeer und schwarzes Meer (MSM), Südwestatlantik (SWA), Südostatlantik (SOA), westlicher indischer Ozean (WIO), östlicher indischer Ozean (OIO), Nordwestpazifik (NWP), Nordostpazifik (NOP), westlicher Zentralpazifik (WZP), östlicher Zentralpazifik (OZP), Südwestpazifik (SWP), Südostpazifik (SOP), Arktis und Antarktis.

An das Fanggebiet 18 des arktischen Meeres grenzen viele Nationen, jedoch sind Berichte über die aktive Fischerei in diesem Gebiet bisher kaum bekannt. Nur zwischen den Jahren 1967 und 1970 meldete die ehemalige Sowjetrepublik ihre Fangmenge in diesem Gewässer. Aus diesem Grund des Mangels an statistischen Angaben befasst sich diese Untersuchung nicht mit dem Gebiet 18.

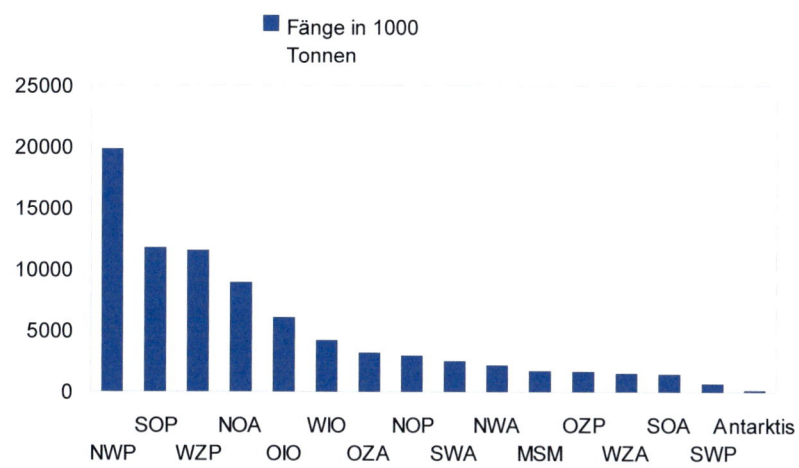

Abbildung 9: Fanggebiete und Fangmenge der Meeresfischerei im Jahre 2007

FAO; Fishery & Aquaculture Statistics, Rome 2009

Die Fische der Hochseefischerei sind Grundfische, die in den tiefen Gewässern leben, und die Pelagialfische, die das Meer durchschwimmen. Ein größter Teil der Fänge aus der Hochseefischerei sind Anchoveta und Blue Whitings[i], die wegen der schnellen Verderblichkeit und dem niedrigen Marktpreis ausschließlich zu Fischmehl umgewandelt werden.[111] Um den weltweit wachsenden

---

[i]Vorkommen zwischen 79°N-26°N, 67°W-40°E und zwischen 37°S-65°S, 165°E-34°W. Habitate ab 150 bis zu 3000 Metern Tiefe. Sie werden bis zu 50 cm groß, 950g schwer und können bis zu 20 Jahre alt werden.

Fischbedarf zu decken, wurden die verschiedenen Fangbebiete sehr intensiv in Anspruch genommen.

Nordwestatlantik – Fischfanggebiet 21

Der Nordwestatlantik ist eines der ältesten kommerziellen Fischfanggebiete der Welt. Der Fischfang in diesem Gewässer ist vor der Erkundung Amerikas bekannt. Im frühen Mittelalter segelten europäische Kabeljaufischer bis zu der unbekannten Küste im Nordwestatlantik.[112] Kabeljaufischer und Walfänger entdeckten den Nordwestatlantik, und er wurde ein sehr bedeutendes Fanggebiet für die Europäer.

Das Gebiet des Nordwestatlantik liegt zwischen Grönland und der Nordostküste der USA und Kanada. 12 Staaten aus Europa, Asien und Nordamerika fischen in diesem Raum. Vier Länder davon, die USA, Kanada, Frankreich und Dänemark, gelten als Küstenländer mit eigener EEZ (exklusive Wirtschaftszone). Der EEZ-Anspruch für Frankreich liegt am Überseedepartment von St. Pierre und Miquelon, und der EEZ-Anspruch für Dänemark liegt an den Färöerinseln und an Grönland.

Etwa 25 Fischarten werden in diesem Raum als kommerziell bedeutend betrachtet, und 11 Spezies davon werden von der Regionalbehörde NAFO (Northwest Atlantic Fisheries Organization) unter Aufsicht genommen und dokumentiert. Die bedeutendsten Spezies sind der Kabeljau, Alaskaseelachs, Flunder, Heilbutt, Schellfisch, Hering, Makrele, Dorsch und Scampi. Mit der Modernisierung der Fangflotte und dem steigenden Fischverbrauch ging die Fangmenge dieser Gewässer allmählich zurück. Der Rückgang der Fangmenge ab den 70er Jahren setzte sich fort und reduzierte die Fänge von über 4 Millionen Tonnen im Jahre 1970 bis zu 1,9 Millionen Tonnen im Jahre 1995. Mit Einsatz der modernen Technik wurde die Fangmenge bis zum Jahre 2007 auf 2,1 Millionen Tonnen erhöht. Davon wurden über 95% innerhalb der EEZ und die restlichen auf hoher See, außerhalb der EEZ, gefangen. Die Hochseeflotten aus Russland, Japan, Spanien und Polen fischen in den Gewässern außerhalb der EEZ. Der Fischfang im NAFO-Gebiet besteht vorwiegend aus der Küstenfischerei.[113] Trotz ständiger Maßnahmen, wie Fangverbot bestimmter Fischsorten und Quotenregelung, konnte sich dieses Gewässer immer noch nicht von der Überfischung erholen. Die bedrohten Fischarten in diesem Fanggebiet sind Kabeljau, Schellfische, Flunder, Dorsche und Scampi.

Nordostatlantik – Fischfanggebiet 27

Dieses Gewässer umfasst die Westküste Europas über Island, Spitzbergen bis zum nördlichen Russland, Grönland, Island und die nordwesteuropäischen Staaten. Die russische Föderation und die angrenzenden Küstenländer sind gleichzeitig die aktiven Fangnationen. Sie besitzen hoch moderne Fangflotten, besonders für die Bodenfischerei und fischen in den kälteren Gewässern lebende Tiefseefische.

Vier Fischarten der Küstenregionen, wie Hering, Whiting, Makrele und Rotbarsch, machen fast 31% des Gesamtfischfangs aus. 49 Hochseefische gelten hier als kommerziell bedeutende Fischarten. Der Fischbestand dieser riesigen Gewässer ist sehr unterschiedlich. Die Fangspitze von etwa 13 Millionen Tonnen wurde im Jahre 1976 erreicht, und danach wurde diese Zahl immmer rückläufiger. Im Jahre 2007 wurden 8,9 Millionen Tonnen Fische gefangen. Die bedrohten Fischarten sind Kabeljau, Kapelan, Sardinen, Makrelen und Rotbarsch. Auch die Fangmenge der großen Schwarmfische, wie Hering oder Whiting, sind rückläufig.[114]

Westlicher Zentralatlantik – Fischfanggebiet 31

Der westliche Zentralatlantik umfasst die Karibik, die Nordküste Südamerikas, die Küste von Mexiko und die südöstliche USA. Die führenden Fischfangnationen in diesem Gewässer sind Mexiko, USA und einige karibische Staaten. 1985 lag die Fangspitze bei 2,5 Millionen Tonnen und ging bis zum Jahre 2007 auf 1,5 Millionen Tonnen zurück. Die gefährdetsten Fischarten sind Manhadens, Groupers und Ebakers, die Jahrzehnte lang reichlich gefischt worden sind. Wegen der zahlreichen Inseln und Inselstaaten sind die EEZ sehr unterschiedlich aufgeteilt. In den fischreichen warmen Gewässern wurde seit den letzten 100 Jahren intensiv gefischt, und selbst während der beiden Weltkriege gab es hier keine Schonzeit.

Die USA und Mexiko sind die wichtigsten Fangnationen, und Länder, wie Brasilien, Venezuela und viele karibische Staaten, sind dabei, ihr Flottenmanagement zu koordinieren.

Östlicher Zentralatlantik – Fischfanggebiet 34

Die westafrikanischen Küstengewässer gelten als sehr fischreich. In diesen warmen Gewässern befinden sich hochwertige Pelagialfische der Thunfischfamilie, wie Skipjack, Yellowfin und Bigeye.

Viele moderne Fangflotten der Industriestaaten sind in diesen Gewässern aktiv, und gleichzeitig gehört die Lizenzvergabe afrikanischer Staaten an fremde Fangflotten zur Gepflogenheit. Die gefährdeten Fischarten sind Bigeye, Lobster, Croaker, Drums und verschiedene Arten von Kopffüßlern. Der Spitzenfang von knapp 4 Millionen Tonnen aus dem Jahre 2001 reduzierte sich im Jahre 2007 auf weniger als 3,2 Millionen Tonnen. Die potentiellen Fischressourcen sind noch vorhanden, und durch die Modernisierung der einheimischen Fangflotten oder durch den erhöhten Einsatz ausländischer Fangflotten besteht die Möglichkeit, die Fangmenge zu steigern.

Mittelmeer und Schwarzes Meer – Fischfanggebiet 37

Dieser Raum ist eines der ältesten Fanggebiete der Welt. Anfang der 70er Jahre lag die Fangmenge bei einer Million Tonne und erreichte im Jahre 1989 eine Spitze von zwei Millionen Tonnen. Die Fangmenge wurde rückläufig und reduzierte sich im Jahre 2007 auf 1,7 Millionen Tonnen. Die bedrohten Fischarten sind die Thunfische, Dorscharten und Rotmullet.

Seit geraumer Zeit wurden wildgefangene Blufin-Thunfische in einer Art Meereskultur gemästet, und mittlerweile wächst diese Art Züchtung auf das 20fache an.[115] Auf dem japanischen Shashimimarkt erzielen die Bluefin-Thunfische sehr hohe Preise.

Südwestatlantik – Fischfanggebiet 41

Die Ostküste Südamerikas ist ein neues Fischfanggebiet. Die südamerikanischen Staaten sind in dem Sinne keine gewöhnlichen Fischfangnationen. Außerdem ist die Entfernung für viele andere Fangnationen zu diesem Gewässer sehr groß. Die Fangspitze von 2,6 Millionen Tonnen wurde im Jahre 1996 erreicht. Außer aus Brasilien und Argentinien sind Fangflotten aus Spanien, Taiwan und Japan in diesem Gewässer tätig. Die gefährdeten Fischarten sind die brasilianischen Sardinen, der argentinische Dorsch und die Tintenfische.

Südostatlantik – Fischfanggebiet 47

Der Ozean grenzt an die west- und südafrikanischen Staaten. Das fischreiche Gewässer wird hauptsächlich von vielen fremden Fangflotten genutzt. Für die einheimische Bevölkerung waren nur die

Fischbestände in Küstennähe von Bedeutung. Durch die fremden Fangflotten sind auch diese Fischbestände stark abnehmend.

In den Jahren 1968 und 1978 wurde eine Fangspitze von 3 Millionen Tonnen erreicht. In den folgenden 15 Jahren variierten die Fangmengen zwischen 2 und 2,5 Millionen Tonnen und reduzierten sich bis zum Jahre 2007 auf 1,4 Millionen Tonnen. Die bedrohten Fischarten sind Sardinen und Thunfische aller Art.

Antarktis - Fischfanggebiete 48, 58 und 88

Die atlantische Arktis war kein gewöhnliches Fischfanggebiet. Der Fischfang in diesem kalten Gewässer benötigt große Anstrengungen und einen enormen technischen Aufwand. Bis zum Jahre 1973 wurden in diesen drei Gewässerzonen keine Fische gefangen. Mitte der 70er Jahre lag hier die Fangmenge bei 0,1 Millionen Tonnen und erreichte im Jahre 1990 eine Spitze von 0,6 Millionen Tonnen. Die Fangmenge dieser sogenannten potentiellen Fanggebiete ist rückläufig und erreichte im Jahre 2007 eine Gesamtfangmenge von 0,13 Millionen Tonnen. Die bedrohten Fischarten sind Zahnfische und Grundfische, wie Hoki und Eisfische.

Ab 1979 wurden in den arktischen Gewässern Krill[I] gefangen. Der Krillfang erzielte bis zu 70% der gesamten Fangmenge und erreichte im Jahre 1982 eine Krillfangspitze von 500.000 Tonnen. Die wichtigste Fangnation war die ehemalige Sowjetrepublik, die nach der politischen Wende der 90er Jahre, die Tätigkeiten der Arktisfischerei weitaus reduzierte.[116] Ansonsten sind Japan, Südkorea, die Ukraine und Polen am arktischen Krillfang beteiligt. Zusätzlich zum Krillfang wurden Grundfische gefangen, die hohe Verkaufserlöse brachten. Patagonische Zahnfische[II], die als Delikatesse gekennzeichnet werden, sind von der Fischerei in den arktischen Gewässern äußerst betroffen.

[I]Krill sind scampiartige Krustentiere, die auf dem Meeresboden habitieren und sich in einer vertikalen Bewegung bis zu der Pelagialebene von Plankton ernähren. Die bis zu einigen Zentimetern groß werdenden Tiere bilden eine Biomasse bis zu 500 Millionen Tonnen in der Antarktis, die von Meeressäugern, Seevögeln und anderen unzähligen Wassertierarten konsumiert werden. Die moderne Krillfischerei friert die Fänge in Blöcken ein und benutzt diese als Rohstoffe für verschiedene Nahrungsmittelherstellungen, als Futter für die Aquakultur und für die Aquariumfische.
[II]Der patagonische Zahnfisch lebt in den Gewässern der Antarktis in 300 bis 3500 Metern Tiefe, erreicht eine Körperlänge von über 2 Metern und ein Körpergewicht von bis zu 200 kg.

Westlicher indischer Ozean – Fischfanggebiet 51

Die kommerzielle Industriefischerei in diesem Gewässer ist eine neue Entwicklung. Das Wachstum der Fangmenge ist enorm, und der Bedarf ist andauernd steigend. Anfang der 70er Jahre lag die jährliche Fangmenge bei einer Million Tonnen. Im Jahre 2005 erreichte sie eine Fangspitze von 4,3 Millionen Tonnen und reduzierte sich im Jahre 2007 auf 4,1 Millionen Tonnen. Die bedrohten Fischarten sind die indische Ölsardine, Scampi und der Bombay Duck.

Wegen der Thunfischvorkommen in Hülle und Fülle, die zwischen dem Atlantik und dem Pazifik quer durch den indischen Ozean migrieren, ist das Fangbebiet 51 besonders beliebt. Seit 1984 stiegen die Thunfischfänge und erreichten im Jahre 1999 eine Fangspitze von 700.000 Tonnen. Zweidrittel davon wurden von Frankreich, Spanien, Taiwan, Japan und China gefangen.[117]

Östlicher indischer Ozean – Fischfanggebiet 57

Der Golf von Bengalen und der Bereich über die Westküste von Thailand, Indonesien bis nordwestlich von Australien ist ein weitaus fischreiches Gewässer. Der kommerzielle Fischfang in diesem Gewässer ist ziemlich neu. Anfang der 70er Jahre lag die Jahresfangmenge bei einer Million Tonnen. Mit einem kontinuierlichen Wachstum wurde die Fangspitze im Jahre 2007 von über 6 Millionen Tonnen erreicht. Die bedrohten Fischarten sind die indische Ölsardine, Kroaker, Drums und Skipjack Thunfische. Der Skipjack Thunfisch gilt in diesem Gewässer als völlig ausgefischt.

Die aktiven Fangnationen sind Indonesien, Japan, Taiwan und Sri Lanka. Die angrenzenden bevölkerungsreichen Länder, wie Indien und Bangladesh, sind hier am kommerziellen Fischfang fast nicht beteiligt.

Nordwestpazifik – Fischfanggebiet 61

Das Gewässer der berühmten Fischfangnationen, wie Japan, Südkorea, China und Russland, ist nicht nur fischreich, sondern das größte Fanggebiet der Welt. Anfang der 70er Jahre lag hier die jährliche Gesamtfangmenge bei 11 Millionen Tonnen und stieg bis zum Jahre 2000 auf eine Spitze von 25 Millionen Tonnen an. Danach waren die Fänge langsam rückläufig. Die Fangmenge im Jahre 2007 lag bei 19,8 Millionen Tonnen. Die bedrohten Fischarten sind der gelbe Kroaker, Alaskaseelachs, der pazifische Kabeljau und Rotbarsch.

Die Grundfischerei wird hier kaum praktiziert, dagegen ist die Nutzung der Treibnetze großartig verbreitet. Die japanische Tintenfischfischerei ist einer der größten Unternehmer in diesem Gewässer.

Nordostpazifik – Fischfanggebiet 67

Dieser Raum ist identisch mit dem Nordwestpazifik, und die Fangnationen sind Kanada, die USA und Japan. Bei der Trennung dieser identischen Gewässer handelt es sich nur um die Datumsgrenze. Die Fangmenge im Jahre 2007 lag bei 2,9 Millionen Tonnen, und die bedrohten Fischarten sind verschiedene Lachse, Pazifikbarsch, Königskrabben und Scampi. Die zur Zeit am häufigsten gefangene Fischart ist der dorschartige Säbelfisch. Der Hauptabnehmer ist Japan, und Japan ist selbst in diesem Gewässer in derTintenfischfischerei tätig.

Westlicher Zentralpazifik – Fischfanggebiet 71

In diesem Verbindungsgebiet, zwischen dem indischen und pazifischen Ozean, sind unzählige Meeressockel von unzähligen Inseln, Halbinseln, Peninsuln und Küsten verbreitet, wo die großen Fischbestände habitieren. Im Jahre 1970 lag die Gesamtfangmenge bei 4 Millionen Tonnen und stieg im Jahre 2007 bis auf 11,5 Millionen Tonnen an.

Die wichtigsten Fischarten sind Skipjack und Yellowfin Thunfische. Die Fangnationen sind die asiatischen Nachbarstaaten, Japan, Taiwan und Südkorea. Die Wachstumstendenz ist noch steigend. Die bedrohten Fischarten sind die hochmigratorischen Spezies, wie Balisardinen und Thunfische aller Art.

Östlicher Zentralpazifik – Fischfanggebiet 77

Das Gewässer zwischen den Hawaiinseln und der mexikanischen Küste ist die Wanderstrecke der Thunfische. Die Fangmenge lag im Jahre 1970 bei einer Million Tonnen und erreichte im Jahre 2002 eine Spitze von 2 Millionen Tonnen. Die Fangmenge im Jahre 2007 lag bei 1,6 Millionen Tonnen. Die wichtigsten Fangnationen sind Mexiko, die USA, Japan und Südkorea. Die bedrohten Fischarten sind Thunfische und Scampi.

Südwestpazifik – Fischfanggebiet 81

Das Gewässer rings um Neuseeland ist ein ziemlich neues Fanggebiet. In diesem kalten Ozean gefangene Fische sind Tiefseefische, wie Hoki, Blue Whiting und Organe Roughy. Alle diese Fischarten sind

Grundfische. Sie leben in tiefen Gewässern zwischen 600-2000 Metern unterhalb des Meeresspiegels. Die Fangnationen, die in diesen fernen Gewässern fischen, sind hauptsächlich Japan und Neuseeland. Im Jahre 1970 lag die Fangmenge bei 0,1 Millionen Tonnen und stieg im Jahre 2007 auf etwa 0,6 Millionen Tonnen an. Die bedrohten Fischarten sind Blue Whiting, Sardinen, Dorsch, Organe Roughy und Rotbarsch.

Südostpazifik – Fischfanggebiet 87

Das gewaltige Gewässer westlich der gesamten südamerikanischen Küste gilt weitaus als fischreich. Die Fangmenge von 4 Millionen Tonnen im Jahre 1972 stieg auf über 20 Millionen Tonnen im Jahre 1995 an. Nach diesem Spitzenfang wurde die Fangmenge allmählich rückläufig und lag im Jahre 2007 bei 11,7 Millionen Tonnen. Der Fischfang in diesem Seegebiet ist beeinflusst durch die Auswirkungen des El-Niño. Die Schwankungen der Anchovita bzw. Sardellenschwärme, die während des El-Niño von der Küste fern bleiben, bestimmen die unterschiedlichen Fangmengen dieser Region. Die anderen mächtig vorhandenen Fischarten sind Thunfische, Scampi und Grundfische aller Arten. Bekannt sind die chilenischen Zahnfische, die in der Tiefsee gefangen werden. Die bedrohten Fischarten sind der südpazifische Dorsch, die Zahnfische und Pilchard.

5. Internationale Behörden des Fischerei-managements

Das Meer kennzeichnete das Ende einer Landesgrenze. Bis zur Entwicklung der motorisierten Wasserfahrzeuge war der Fischfang im Meer eher eine Aktivität im Niemandsgebiet. Die große Entferung verhinderte den Fangbooten, in fremden Gewässern zu fischen. Eine Ausnahme bildete die traditionelle Kabeljaufischerei an der Ostküste Kanadas und der Walfang im Nordmeer, wobei die Fischer für mehrere Jahre unterwegs waren. Bei dem Fang handelte es sich um eine verhältnismäßig kleinere Menge von Endprodukten, wie Tran und Trockenfisch. Die Erfindung der Motorisierung brachte eine neue Ära in der Fischfanggeschichte. Schiffe, Boote, Angeln und Netze wurde mit maschineller Unterstützung eingesetzt, um Fische zu fangen. So wurde der Fischfang von dem eigenen Küstengewässer bis in die Ferne ausgebreitet, und gleichzeitig wurden potentielle Konflikte zwischen den Küstenländern vorprogrammiert. Die erste Konferenz, um die Fischereikonflikte zu vermeiden, wurde im Jahre 1930 vom Völkerbund[I] in Den Haag ins Leben gerufen. Wegen Kooperationsmangel konnte die Den Haager Konferenz kein Abkommen oder keine Einigung abschließen. Anschließend brach der Zweite Weltkrieg aus, und als 1945 der US-Präsident Truman die nationale Kontrolle über den Kontinentalschelf[II] erweiterte, folgten viele Nationen als Nachahmer und bekräftigten ihre Ansprüche auf eigene Hoheitsgewässer. Um die zunehmenden internationalen Konflike zu vermeiden und auch ein gerechtes Hoheitsgebiet zu schaffen, beschäftigte sich die UNO seit 1956 mit den Rechten über die Meere.

[I]Genannt auch als Genfer Liga, wurde 1920 für die Erhaltung des internationalen Friedens ins Leben gerufen. Mit dem Sitz in Genf leistete der Völkerbund die Vorarbeit der Vereinten Nationen (UNO). 1946 wurde der Völkerbund durch die Entstehung der UNO aufgelöst.
[II]Der Landsockel, der ab Beginn der Meeresküste bis zu 200 Meter unter dem Meeresspiegel entlang läuft, ist direkt mit der Landmasse der Küste verbunden. Dieser sog. Kontinentalschelf beherbergt eine Naturvielfalt an Unterwasserflora, Fauna, sowie Mineralien, wie dem Erdöl.

Die UN-Konvention für die Rechte über die Meere

Die UN-Seerechtskonvention wurde am 10. Dezember 1982 in Montego Bay, Jamaika, vollständig beschlossen und kam am 16. November 1994 in Einsatz. 160 Länder leisteten deren Unterschrit, und davon ratifizierten 153 Länder das Abkommen . Das mit insgesamt 350 Artikeln und 9 Anhängen verfasste Abkommen erteilt den Küstenländern eine Reihe von Auflagen für die Nutzung der Küstengewässer.[I] Die bedeutendsten dieser Auflagen sind die Festlegungen im Bereich der Hoheitsgewässer, Navigation, Inselstatus, Transit, exklusive Wirtschaftszone (EEZ), Tiefseebergbau, kontinentaler Selbstzuständigkeitsbereich, Schutz der Meeresumwelt, wissenschaftliche Forschungen und die Schlichtung von Streitangelegenheiten.

Das Hoheitsgewässer beträgt 12 nautische Meilen, und in dieser Zone ist der Küstenstaat legitimiert, jede Art Gesetze anzuwenden. Eine friedliche Durchfahrt ausländischer Wasserfahrzeuge ist zugelassen. Die aneinander grenzenden Gewässer gelten bis zu 24 nautischen Meilen als Rechtsgebiet, in dem die Küstenländer Kriminalitätsbekämpfung, Schmuggel- und Flüchtligskontrolle durchführen dürfen.

Die exklusive Wirtschaftszone (EEZ)[II] beträgt 200 nautische Meilen (370 km). Der Küstenstaat verfügt das Alleinrecht in diesem Gebiet, alle natürlichen Ressourcen zu beanspruchen. Die bedeutendste dieser Ressourcen sind die Fische und manchmal Unterwasserbodenschätze, wie das Erdölvorkommen. Im Teil V des Abkommens wurden die Vorkehrungen der exklusiven Wirtschaftszone definiert. Die Artikel 61 bis 69 bestimmen die Rechte und Vorkehrungen für das Fischen in der nautischen 200 Meilen Wirtschaftszone. Der Artikel 64 beschreibt die Einwilligungen über die Jagd von Wanderfischen in nationalen und internationalen Gewässern. Dazu wurden im Anhang I (Annex I) die wirtschaftlich bedeutenden Wanderfische aufgelistet. Innerhalb dieser Linie dürfen die jeweiligen Länder die natürlichen Ressourcen, wie Bodenschätze, ausbeuten und souverän fischen. Die Fangschiffe der jeweiligen Länder haben das exklusive Recht in diesen Gewässern,

---

[I]Vollständiger Text: Oceans and Laws of the Sea – United Nations Convention of the Law of the Seas, UNO
[II]Vollständiger Text: Part V, Exclusive Economic Zone, UNCLOS

allein zu fischen. Wirtschaftlich schwächere Länder, die die moderne Fischereiindustrie nicht finanzieren können, dürfen Lizenzen an andere Länder verkaufen, um innerhalb ihrer Wirtschaftszone das Fischen fremder Nationen zu ermöglichen.[118]

UN-Abkommen über die hochmigratorischen Pelagial-fische

Zahlreiche Wanderfische schwimmenn quer durch die Weltmeere. Fische in der Natur halten sich nicht an die vom Menschen geschaffenen Grenzen und wandern von einer EEZ zur angrenzenden, manchmal auch von der Hochsee zu einer EEZ oder umgekehrt. Fangschiffe aus mehreren EEZs verfolgen diese Fischschwärme und gefährden deren Fortpflanzung, deren Bestand und verursachen gleichzeitig Fischereikonflikte zwischen den Küstenländern. Kriegerische Auseinandersetzungen in diesem Zusammenhang sind nicht selten. Um die Fischbestände der hochmigratorischen Spezies zu schützen, wurden einige Maßnahmen unter den Rahmenbedingungen der UN-Seerechtskonvention aufgerufen. Das Abkommen (United Nations Conference on Stradding Fish Stocks and Highly Migratory Fish Stocks) wurde 1995 zustande gebracht, und am 11. Dezember 2001 trat es in Kraft. Trotz langjähriger Bemühungen erreicht das Abkommen von vielen Fischfangnationen nur geringfügige Unterstützung. Bis zum Ende des Jahres 2003 leisteten nur 59 Länder ihre Unterschrift, wovon 36 Länder das Abkommen ratifizierten.[119]

FAO-Verhaltenskodexe

Der FAO-Verhaltenskodex (Code of Conduct) definiert die Prinzipien und internationalen Standards von Verhalten und Verantwortung für die Erhaltung und Verwaltung der Meere, der lebendigen Ressourcen unter Berücksichtigung des vollen Respekts des Ökosystems und der

Biodiversität. Der Verhaltenskodex beinhaltet 12 Artikel und 2 Anhänge und wurde am 31. Oktober 1995 in Kraft gesetzt. Der Verhaltenskodex ist ein signifikantes Instrument für die Fischerei in den EEZs und in den internationalen Gewässern. Die Richtlinie definiert die Überwachung der Fischerei, Fischzucht und des Flottenmanagements. Die Schlüsselprinzipien sind das Fischbestandsmanagement, die Überfischungkontrolle, die Beifangreduzierung, das Verbot von vernichtenden Fangmethoden und der Schutz für bedrohte Fischarten. Der FAO-Verhaltenskodex ist freiwillig, und sicherlich wurde aus diesem Grund der Verhaltenskodex von 150 Nationen vollständig akzeptiert.[120]

IUU illegal unangemeldet und unreguliert

Unter der Aufsicht von FAO und UNCLOS wurden die Bedingungen der IUU ins Leben gerufen. Der illegale Fischfang findet in nationalen und internationalen Gewässern statt, wo die Fangschiffe die Vorschriften missachten. Beim unangemeldeten Fischfang werden entweder falsche Angaben geliefert oder die Fänge werden überhaupt nicht gemeldet. Der unregulierte Fischfang gilt für diejenigen Fangflotten, die in einem bestimmten Gewässer fischen, ohne sich bei der regionalen Fischereibehörde angemeldet zu haben.

IUU ist mit der Piraterie vergleichbar, wenn die unter Fangverbot stehenden hochgefährdeten Fische gefangen werden. Fangverbote wurden immer wieder erlassen, um den drastischen Bestandsrückgang und die vor dem Aussterben bedrohten Fischarten zu schützen. Diese bedrohten Fischarten gelten als hochwertige Speisefische, und aufgrund des bestehenden Fangverbots entstehen Lieferengpässe und gleichzeitig eine größere Marktnachfrage. Von dieser Gelegenheit profitieren die Fischpiraten und erzielen hohe Verkaufserlöse. Unter der IUU gestellte Fischer sind diejenigen, die folgende Praktiken ausüben:

1) Fischen in der fremden EEZ

2) Nichtachtung des UN-Fischbestandsabkommens

3) Fischen in der eigenen EEZ ohne behördliche Erlaubnis

4) Nichtmeldung des Fangs oder Falschangaben betätigen

5) Fischen in den verbotenen Zonen

6) Fischen während einer Fangverbotsperiode

7) Täuschung durch falsche Schiffsflagge

8) Fischen bedrohter Fischarten

9) Anwendung illegaler Fangmethoden

10) Technische Sicherheitsmängel an Bord

11) Missachtung der sozialen Rechte der Arbeitnehmer

12) Durch billiges Fischen mit Dumpingpreisen auf dem Weltmarkt handeln

13) Fang hochwertiger Fische, wie Blufin oder Zahnfische

Verantwortlich für die IUU und für eine eigene Fischereiflotte, um die IUU zu kontrollieren, sind die jeweiligen Regierungen der Fischereiländer. Die bisherigen Angaben der Anwendung von illegalen Praktiken sind weitgehend anekdotisch, und wegen des Personalmangels sind die IUU-Vorschriften kaum durchsetzbar.[121]

COFI-FAO Gremium

COFI (Committee on Fisheries) wurde während der 13. FAO Konferenz, im Jahre 1965, als deren Fischereigremium ins Leben gerufen. Dieses Gremium besteht aus Vetretern der Regierungen, Organisationen, Institutionen und NGOs, die sich mit der Umwelt und dem Fischfang auseinandersetzen. COFI ist berechtigt verschiedene Sub-Gremien für spezifische Sachfragen zu bilden. Als Beispiel: Das Gremium über den

Fischhandel oder das Gremium über die Aquakultur. Die Aufgaben von COFI bestehen darin, die Implementierung der FAO Ratschläge, Hinweise und Verwarnungen an die weltweite Fischfangindustrie und an die Aquakulturen zu erteilen.[122]

Regionale Fischereibehörden RFBs

Die regionalen Fischereibehörden RFBs (Regional Fisheries Bodies) sind zuständig, die unterschiedlichen UN-Abkommen und andere internationale Abkommen, inklusive wissenschaftlicher Untersuchungen, durchzuführen. Die Tätigkeiten der RFBs nehmen ständig in folgenden Bereichen zu: Verwaltung, wissenschaftliche Forschung, Umwelt, Nachhaltigkeit, IUU, Beifangmanagement und Implementierung der internationalen Beschlüsse. Die RFBs sind in verschiedene Meeresgebiete aufgeteilt. Es sind zur Zeit insgesamt 59 Organe als Fischfangbehörden tätig, wie zum Beispiel die North-East Atlantic Fisheries Commission, Pacific Halibut Commission oder Asia-Pacific Fishery Commission. Die 59 Organe wurden wie folgt eingeordnet: 11 unter der Leitung von FAO, 6 unter die globale und transozeanische Region, 15 unter die atlantische Region, 1 unter die Mittelmeer und Schwarzenmeer Region, 14 unter die Pazifische Ozean Region, 5 unter die Indische Ozean Region und 7 unter Binnengewässer.[123] Darunter sind 19 RFBs für die Verwaltung zuständig, 21 für die Ratschläge und 6 für die wissenschaftlichen Zwecke.

Die gemeinsame Fischereipolitik der EU

Die gemeinsame Fischereipolitik der EU (GFP) strebt einen gemeinsamen Fischmarkt, gemeinsame Nutzung eigener EEZs und die Durchführung gemeinsamer Fischereiregeln an. Durch zahlreiche Maßnahmen streben sie an, die Fischwirtschaft in der EU zu fördern, Fangquoten für die Mitgliedstaaten zu erteilen, Fangquoten für bestimmte Fischarten zu regulieren und die ökologischen Angelegenheiten zu betrachten. Die GFP verfügt über einen Fischereifond (EFF) von 4,3 Milliarden Euro mit einer Laufzeit von sieben Jahren (2007-2013).[124] Aus diesen Mitteln sollen Ziele wie Nachhaltigkeit, Wettbewerbsfähigkeit, umweltfreundlicher Fang und - Produktion, angemessene Beschäftigungsmaßnahmen, Nachhaltigkeit und Entwicklung der Fischereigebiete, finanziert werden. Die GFP ist eine der größten und einflussreichsten Fischereibehörden der Welt. Zusätzlich zu der Fischereisubventionierung, erwerben die GFP Fischfanglizenzen vorwiegend in den Hoheitsgewässern afrikanischer Staaten.[125]

Institutionen für die Fischerei und für den Schutz der Fische

Zahlreiche nationale und internationale Institutionen und Organisation beschäftigen sich mit der Fischerei und dem Schutz der Fische. Viele dieser Organisationen streben ein Fangverbot bestimmter Fischsorten an oder ein Fangverbot in bestimmten Gewässern. Organisationen, wie die ´International Whale Commission`, setzen sich für die Wale ein oder das ´International Dolphin Conservation Program` schützt die Delfine in den Weltmeeren. WWF und Greenpeace gehören zu den bekanntesten dieser Organisationen. Profit-und nonprofit Organisationen, die die Fischerei als gesunde Wirtschaft bezeichnen und Fisch als gesunde Nahrung propagieren, sind ebenfalls zahlreich vorhanden. Institutionen, wie das MSC, vergeben Gütesiegel bzw. ein Umweltsiegel für zum Verkauf angebotene Fische aus dem umweltfreundlichen Fischfang.

Einige große Gemeinsamkeiten dieser Profit- und Nonprofit-Organisationen und Institutionen sind, dass die Welt-Fischpopulation sich nicht reduzieren soll, die Biodiversität der Weltmeere erhalten bleiben muss und gleichzeitig Fisch als Nahrung zur Verfügung stehen soll. Diese Vorstellung ist absolut falsch, Selbstbetrug und irrational. Es sind keine natürlichen Zusammenhänge vorzufinden, wenn die Fische in größeren Mengen gefangen werden, gleichzeitig deren Lebensräume zerstört werden und dennoch die Fische sich vermehren sollen und die Biodiversität der Meere aufrecht erhalten bleiben soll.

MSC-Gütesiegel

Ursprünglich wurde die Organisation Marine Stewardship Council (MSC) von Nahrungsmittelkonzernen, wie Unilever und Iglo, im Jahre 1997 in London ins Leben gerufen, die seit 1999 als unabhängige Institute operieren. Die wichtigsten Kriterien der MSC sind die Lage der Fischbestände, Auswirkung der Fischerei auf das marine Ökosystem und das Fischereimanagementsystem. Insgesamt 23 Kriterien unterstützen die drei Prinzipien, um die MSC-Gütesiegel auszuhändigen. Die Ausstellung der Gütesiegel ist im Zusammenhang mit dem FAO-Verhaltenskodex (Code of Conduct) und anderen internationalen Naturschutzmaßnahmen konzipiert.[1] Wenn eine Fischereiflotte beabsichtigt, ein MSC-Gütesiegel zu erwerben, organisiert das Institut Experten vor Ort um die Prüfungsmaßnahmen durchzuführen, und wenn alle Kriterien erfüllt sind, wird das Gütesiegel für einen Zeitraum von fünf Jahren ausgehändigt.

Das Nachhaltigkeitsprinzip basiert darauf, dass so viele Fische gefangen werden können, wie in der Natur nachwachsen werden. Diese Vorstellung ist nicht hinreichend zufriedenstellend, da die Fische in der Natur sich nicht nach dem Bedarf des kommerziellen Fischfangs vermehren werden. Diese Art zahlreich vorhandener Nachhaltigkeitprinzipien, wie die Nutzung besserer Fanggeräte oder besseres Management, sind ähnlich wie die Tieropfer im Namen Gottes, obwohl Gott kein Fleisch isst.

Das MSC-Gütesiegel ist eine sehr erfolgreiche Marke, und deren Produkte werden in fast allen größeren Supermartketten angeboten. Die Kundenreaktion darauf ist gleichzeitig sehr groß, da das Siegel ein besseres Gefühl für die Umwelt, Natur und für die Fische im Meer vermittelt. Laut MSC eigenen Angaben ist der Verkauf von Fischarten, wie Alaskaseelachs, Seezunge, Hoki oder Kabeljau, mit MSC-Gütesiegel in Länder, wie Japan, USA, Großbritannien, Deutschland und Niederlande, um das Mehrfache gestiegen.[126]

Die Fangarten, wie Bodenfischerei, oder fischen von bedrohten Fischarten, wie Alaskaseelachs, Seezunge, Hoki oder Kabeljau, sind bei den MSC-Prinzipien zugelassen. Sogar die extrem umweltschädlich

---

[1]Ausführlich über MSC: msc.org (Marine Stewardship Council, London), Stand März 2009

geltende Scampifischerei in der Natur wurde zertifiziert. Mit einem Schutzgitter vor den Schleppnetzen, um den Beifang zu reduzieren, erhielt die "Oregon Pink Shrimp Industry" das MSC-Gütesiegel, um Scampifischerei im kalten Gewässer des Wattenmeeres entlang der Westküste Nordamerikas zu treiben. Mit 45 Trawlern fischen sie im 300 bis 700 Fuß tiefe Pink-Shrimp, genannt Salad-Shrimp.[127] Es wurde nicht weiter darüber berichtet, ob der Beifang von 5 bis 9 kg pro gefangene Shrimp reduziert wurde und wie die Zerstörung aussieht, wenn zusätzlich ein Metallgitter durch den Meeresboden gezogen wird.

Das MSC-Gütesiegel verfügt über eine Gültigkeitsdauer von fünf Jahren, und es ist nicht transparent, wie die 52 köpfige Mitarbeiterzahl des MSC den gewaltigen Fischfang auf den Weltmeeren und die zunehmenden weltweiten Aquakulturen überwachen und anschließend die Fänge und die Fertigprodukte mit einem Gütesiegel zertifizieren kann.[128] Gemäß deren Jahresbericht von 2007/08 wurden in 36 Ländern über 1421 verschiedene Fischprodukte mit dem MSC-Gütesiegel vermarktet.[129]

Die Tendenz der Erlangung des MSC-Gütesiegels für die weltweite Fischerei, Aquakultur und für die Fischprodukthersteller ist stark zunehmend. Als ab dem Jahre 1921 die Fische entgrätet für den Verkauf angeboten wurden, stieg der Verbrauch innerhalb kurzer Zeit um das Mehrfache an. Das gleiche geschah, als die Fische mit dem MSC-Gütesiegel zum Verkauf angeboten wurden. Damit ist das MSC-Gütesiegel eine zusätzliche "Entgrätung" um noch mehr Fische aus der Natur zu konsumieren, und die Nachhaltigkeitsprinzipien sind praktisch wertlos .

ASC

Das neu gegründete Aquaculture Stewardship Council (ASC) verfolgt eine Mission und Vision von Umweltfreundlichkeit, Nachhaltigkeit, genügend Nahrung für die Menschheit und Lebensunterhalt für die Fischzüchter und Fischhändler. Ähnlich wie beim MSC möchte auch der ASC die weltweiten Aquakulturen überwachen und zertifizieren. Allerdings fehlen Richtlinien zur Futterverwendung und der Anwendung von Veterinärmedizin bzw. Zuchtchemikalien (S. 58-59) für die Fische in den Aufzuchtbecken. Diese zwei Aspekte sind wichtiger als der Fischmarkt, die Existenzgrundlage der Fischzüchter oder die sog. Umweltschutzmaßnahmen.

Fischereikriege auf den Weltmeeren

Streitigkeiten zwischen Teichbesitzern, Flussuferbewohnern, Fischern oder Fischhändlern waren allgegenwärtig, als der Fischfang noch nicht industrialisiert war. Jedoch eine kriegerische Auseinandersetzung aufgrund des Fischfangs zwischen benachbarten oder fremden Nationen ist nicht bekannt. Die kommerzielle Industriefischerei verursacht einen neuen und fremdartigen kriegerischen Zustand in der Menschheitsgeschichte. Je moderner die Ausrüstung, desto irrsinniger sind die Fischereitätigkeiten. Die Industriefischerei drängelt in benachbarte, entfernte oder fremde Gewässer ein, fischt unerlaubt und alarmiert unbeteiligte Nationen zur unnötigen Abwehr. Konflikte von kleinen Plänkeleien zwischen revalisierenden Fischerbooten bishin zu nationalen militärischen Einsätzen gehören dazu. Die Auseinandersetzungen zwischen zwei oder mehreren Nationen in dieser Hinsicht wurden nicht als politischer Konflikt, sondern als Fischkonflikt bezeichnet, unter dem Namen der betroffenen Fischart, wie zum Beispiel Kabeljaukrieg.

Kabeljaukrieg
In den kalten Gewässern rings um Island lebten größere Schwärme von Kabeljau und dorschartige Fische. Nach dem Zweiten Weltkrieg rüsteten sich mehrere Industriestaaten mit modernen Fischereiflotten aus und erweiterten allmählich ihre Fangbereiche bis in die isländischen Gewässer. Die Fangflotten Großbritanniens waren besonders aktiv und aggressiv, weil das Land unter dem Nachkriegstrauma litt und es an Nahrung fehlte. Anschließend protestierte Island und bekräftigte ihren Anspruch auf das 12 Meilen Hoheitsgewässer. Als die Warnungen nicht berücksichtigt wurden, beschädigten Isländer die Schleppnetze der englischen Fangflotte. Großbritannien reagierte mit militärischen Drohungen und entsandte 1958 Kriegsschiffe, um die britischen Fischerboote zu schützen. Zeitweise wurden bis zu 53 britische Kriegsschiffe eingesetzt. Ernsthafte und gefährliche Manöver, inklusive einiger Zwischenfälle, begleiteten den Schachzug. In den Jahren 1958-1976 beschädigte ein fast ununterbrochener Konflikt die diplomatischen Beziehungen beider Staaten, der als der Erste -, Zweite - und Dritte Kabeljaukrieg bekannt wurde.[130]

Buttkrieg

Plattfische, wie Steinbutt, Heilbutt, Scholle oder Seezunge, sind Bewohner des Meeresbodens. Moderne Schleppnetze durchsieben den Meeresgrund, vernichten die dortige Lebenswelt und reduzieren rücksichtslos die Bestände der Plattfische. Die kanadischen Behörden wurden auf die Aktivitäten der europäischen Fangflotte in deren Hoheitsgewässern bzw. im Nordatlantik aufmerksam. Trotz wiederholter Warnungen wurden die illegalen Fischereipraktiken fortgesetzt. Im März 1995 wurde es ernst. Die kanadische Marine verfolgte ein spanisches Fischerboot, feuerte Warnschüsse, beschlagnahmte das Boot und verhaftete die Besatzung. Daraufhin schickte die spanische Regierung Kriegsschiffe um die spanischen Fischerboote zu begleiten. Besorgniserregende Manöver, inklusive Warnschüssen zwischen spanischer und kanadischer Marine, im Nordatlantik beschäftigten die Weltpresse, und die dipolomatischen Beziehung zwischen den beiden NATO Verbündeten waren in ein Krise geraten. Die Einmischung Großbritanniens und der EU verhinderten eine weitere Eskalation.[131]

Krabbenkrieg

Das Gewässer zwischen China und der koreanischen Halbinsel, genannt Gelbes Meer, ist bekannt für größere Vorkommen von Krustentieren, wie Krabben. Die benachbarten Länder fischen hier diese begeehrten Fischarten und treten oft in Konfliktzustände, wenn die sogenannten Wassergrenzen nicht berücksichtigt werden. Die verfeindeten Länder Nord- und Südkorea schicken oftmals ihre Fischereiflotten in Begleitung von Kriegsschiffe zum Fischen. Plänkeleien zwischen den beiden Militärmächten, inklusive Toten und Verletzten gehören zu deren gemeinsamer Fischereigischichte des letzten halben Jahrhunderts. Die bekanntesten Krabbenkriege ereigneten sich in den Jahren 1999, 2002 und 2004. Eine Beendigung dieses Konflikts ist nicht absehbar, wenn die Krabben weiterhin als Delikatesse geschätzt werden.[132]

Der Dreiländerstreit

Die Inselgruppe, genannt Diaoyu-Tai auf chinesisch und Sento Shoho auf japanisch (Gesamtfläche 7 km^2, Lage 25°47' Nord und 124°03' Ost), besteht aus acht Felsbrocken. Lange interessierte sich niemand für die im Ostchinesischen Meer liegenden unbewohnten und unbewohnbaren Steinkolosse. Nun geben die neuen Rechte über das Hoheitsgewässer den Anreiz Ansprüche zu stellen. Die Volksrepublik China, Taiwan und Japan verlangen jeweils das Hoheitsrecht über diese Inselgruppe, obwohl niemand von ihnen diese besiedelt hat. Mit der Begleitung von Kriegsschiffen zog Taiwan dort die nationale Fahne hoch, China selbst ratifizierte die Inselgruppe als Hoheitsgebiet und Japan baute dort mehrere Leuchttürme. Das umgebende fischreiche Gewässer ist signifikanter als alle anderen Beweggründe für die Eroberung der Inselgruppe.

Inselkonflikte auf globaler Ebene sind zahlreich. Nachkriegsstreitigkeiten, kolonialer Hintergrund, Rohstoffe wie das Erdöl sind die herkömmlichen Ursachen von Streitigkeiten. Hinter der Eroberung von Inseln steckt mittlerweile jedoch vielfach eine Strategie zur Erweiterung der Exklusiven Wirtschaftszone (EEZ), wodurch das Inanspruchnehmen neuer Fischfanggründe möglich wird.

Weitere Kriege für den Fischfang

Mit Hightech ausgerüstete Fangflotten sind schneller als die Patrouillenboote der ärmeren Länder. Die Industriefischerei fischt häufig in den unerlaubten Gewässern. Eine andauernde Klage und Vorwürfe zwischen diesen Ländern, und den fremden Fischereiflotten gehören zur Tagesordung vieler Küstenstaaten. Es handelt sich nicht nur um unerlaubte oder illegale Fischereipraktiken, sondern auch um die gegenseitigen Vorwürfe für den Rückgang der Fischbestände. Kanada beschuldigt zum Beispiel die europäischen Staaten für den Rückgang der Kabeljau- und Plattfischbestände im Nordatlantik. Norwegen und Island beschuldigen die anderen europäischen Staaten für die Überfischung in der Nordsee, und die Europäische Union macht Polen für die leeren Fischbecken in der Ostsee verantwortlich.

Der Kabeljau ist einer der beliebtesten Speisefische und der Bestand gilt als akut bedroht. Nach sorgfältiger Nachforschung wurde festgestellt, dass der Kabeljaubestand in der kalten Barentssee sei kerngesund. Alle angrenzenden Länder, inklussive der Europäische Union, werden ihre Kabeljaufischerei in die Barentssee ausbreiten. Damit ist ein zukunftiger Fischereikonflikt mit Russland vorprogramiert.

Der Begriff Krieg oder Kampf hat sich im Fischfang schon eingebürgert. Es handelt sich dabei um den Fang einzelner Fischarten, die immer seltener werden. Je weniger Fischbestände, desto besser werden die Fangausrüstungen, und je weniger Fischbestände, desto entfernter und tiefer werden die Fanggebiete. Die Industriefischerei fischt bis zu mehrere tausend Meter in die Tiefe, wo die Menschheit vorher nie gefischt hat, und holen Fische aus der dunklen Tiefe heraus, die die Menschheit vorher nie gesehen und nie zuvor gegessen hat. Wenn all diese Praktiken in absehbarer Zukunft deren Grenzen erreichen werden und es gleichzeitig kaum Fische zum Fangen geben wird, bleibt nur eine Fischereischlacht als Alternative zum Fischfang.

6. Die Zukunft der Fischbestände und Nahrungs-ansprüche

Peak Fisch

Peak-Fisch ist das Szenario des Fischfangprofils auf den Weltmeeren, das nach einem kontinuierlichen Produktuionsanstieg in einen kontinuierlichen Produktionsrückgang eintritt. Die Vorstellung dieses Vorgangs wurde von dem bekannten Szenario der Ölkrise ´Peak Oil` übernommen. Im Jahre 1956 entwickelte der Geologe M.K. Hubbert die schematische Darstellung eines glockenförmigen Ablaufs für die Erdölproduktion eines Ölfeldes. Die Hubberts Peaköltheorie basiert auf dem Produktionsvorgang irgendeines Ölfeldes, welches auf die gesamte Welt-Petroleumproduktion übertragen werden kann.

Die Entdeckung eines Ölfeldes, begleitet durch Förderinfrastruktur und moderne Technologie, zeigt eine kumulative Produktionssteigerung. Weil das Erdölvorkommen in einer bestimmten geographischen Gegend begrenzt vorhanden ist, wird in der Regel die maximale Produktionsmenge in den nächsten 35 Jahren erreicht. Durch die Implementationen der modernen Technologie wird die maximale Produktion fortgeführt, die als ´Pre-Peak` bezeichnet wird, jedoch ab einem bestimmten Zeitraum wird die Produktionskurve allmählich fallen, und diese wird als ´Post-Peak` bezeichnet. Hubberts Peaktheorie fand eine große wissenschaftliche Unterstützung und kann in allen Bereichen der unerneuerbaren und wenig erneuerbaren Ressourcen angewendet werden.[133]

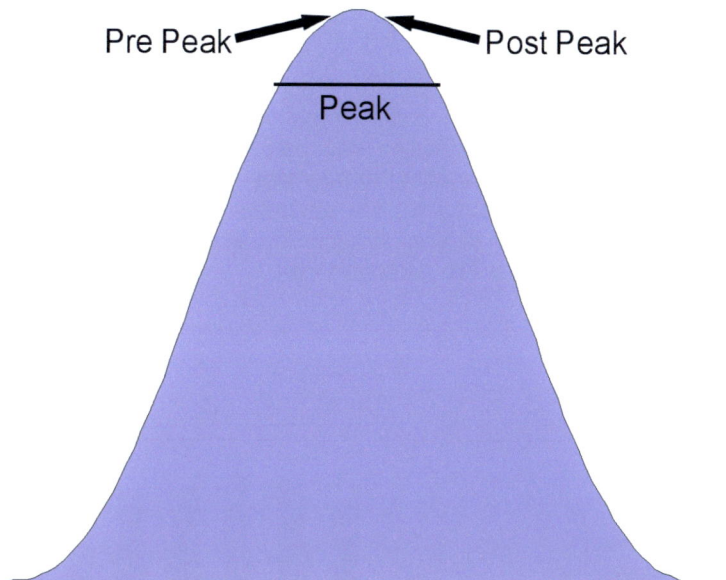

Abbildung 10: Schematische Darstellung des Produktionsprofils einer Naturressource

Der Peak ist dann bemerkbar, wenn trotz wachsender Nachfrage und steigender Preise die Produktion nicht steigen würde. Dieses gilt für die Erzeugnisse, die als Massenware produziert und verbraucht werden. Rohstoffe, wie Erdgas, Kohle oder Petrolium[I], werden in Massen produziert und in Massen verbraucht. Mit steigender Nachfrage und steigenden Preisen wurde die Produktion weiter angestrebt. Ressourcen wie Edelmetalle und Edelsteine fallen nicht unter diese Modellvorstellung, weil die Erzeugnisse nicht endverbraucht, sondern aufbewahrt und weiter verarbeitet werden. Die kumulative Produktionsmenge gilt als Reserve. Ähnlich wie die fossilen Energieressourcen sind die Fangmengen der Fische aus der Natur schnell verbraucht, und der Nachwuchs der Fischbestände deckt den wachsenden Bedarf nicht. Als Resultat können einige Entwicklungen beobachtet werden: Es werden zunehmend Jungfische gefangen, die

---

[I]Die Erdölförderung kann allgemein als Annäherung des Peaks bezeichnet werden, indem trotz der wachsenden Preise und der steigenden Nachfrage die Gesamtproduktion seit dem Jahre 2004 nicht entsprechend gestiegen ist.

Preise steigen ständig an, und schließlich tritt die Gesamtproduktion in die Post-Peak-Phase ein.

Die Nachfrage und die Preise für Meeresfische sind in den letzten Jahren ständig gestiegen, und die Produktion wurde dagegen seit dem Jahre 2000 rückläufig. Zwischen den Jahren 1950 und 1980 lag die durchschnittliche Jahreswachstumsrate des Fischfangs bei über 3%. Danach ging die Produktion für die nächsten 10 Jahre steil hoch. Bis zum Jahre 2000 hielt dieses Wachstum fast kontinuierlich an und erreichte schließlich das Produktions-Peak.

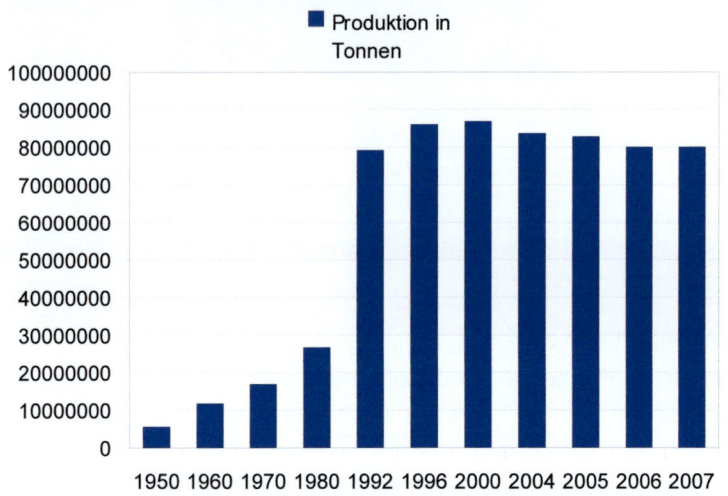

Abbildung 11: Meeresfischfang zwischen den Jahren 1950 und 2007

Ein minimaler Produktionsrückgang in den 70er Jahren lag an der Ausschöpfung der Fischbestände im Nordwestatlantik. Mit der Höchstproduktion von 4 Millionen Tonnen wurden im Jahre 1970 der Peak im Nordwestatlantik erreicht, und danach wurde die Produktion in diesem traditionellen Fanggebiet rückläufig. Daraufhin weitete sich der Fischfang in anderen Gebieten aus und erzielte bis zum Jahre 2000 ein kontinuierliches Wachstum mit einer Produktionsmenge von über 86,8 Millionen Tonnen Meeresfischen. Seit dem sogenannten Peak, im Jahre 2000, ist der Meeresfischfang insgesamt rückläufig, und höchstwahrscheinlich ist die Produktion in die Post-Peak-Phase eingetreten. Der anerkannte Fischereiexperte Dr. Daniel Paul der Universität von ´British Columbia` schrieb über den Peak-Fisch: "Die Welt hat schon Peak-Fisch erlebt. Die Fischer werden immer weniger Fische in ihren Netzen haben."[134]

In der Regel halten sich die Fischbestände durch die Geburts- und Sterberate aufrecht. Vorgänge, wie fressen und gefressen werden, gehören ebenfalls zu der natürlichen Sterberate. Weil die Fischbestände durch einen unnatürlichen Vorgang, wie dem Jagen mit modernen kommerziellen Fangflotten, dezimiert werden, kann diese Naturressource mit anderen unerneuerbaren Ressourcen verglichen werden. Wenn die Sterberate höher liegen wird als die Geburtenrate, wird der Fischbestand nach einem begrenzten Zeitraum ausgeschöpft sein.

Thunfisch – der baldige Dinosaurier in der Konservendose[I]

Die Thunfische sind pelagische Schwarmfische der warmen und gemäßigten Gewässern der Weltmeere. Zahlreiche verwandte Fische in verschiedenen Größen gehören zu der Familie Thunnus. Diese Untersuchung widmet sich fünf kommerziell bedeutenden Thunfischarten, wie Albacore, Bigey, Bluefin, Yellowfin und, als besondere Aufmerksamkeit, dem Skipjack.

Im Vergleich zu ihrer lebenslangen Wanderung unterscheiden sich die Thunfische von anderen Fischen. Thunfische vermehren sich schnell, wachsen schnell, und viele Thunfischarten erreichen innerhalb von drei bis vier Jahren ein Körpergewicht von über 30 kg. Alle diese Thunfische laichen in großen Mengen auf einer extrem weiten Ozeanfläche. Nach der Befruchtung wird diese Biomasse eine bedeutende Nahrung für unzählige Meerestiere. Wegen ihrer besonderen Körperform sind die Thunfische schnelle Schwimmer, und das hochentwickelte Kreislaufsystem kann Energie und Sauerstoff schnell und effizient in

---

[I]Die Informationsquellen dieses Abschnitts sind entnommen aus Fish Base Stockholm, Atuna Online Dienste, der FAO Fisheries Department Rome, U.S. Tuna Foundation, McLean und aus einzelnen Monographien.

allen Körperteilen verbreiten. Besondere Körpermechanismen erlauben, ihre innere Körpertemperatur zu regulieren. In bestimmten Zuständen können Thunfische ihre innere Körpertemperatur bis zu 15 Grad Celcius höher halten als die vorhandene Wassertemperatur. Diese Merkmale unterscheiden die Thunfische als Kaltblüter von anderen Fischarten.[135]

Thunfische müssen von der Geburt an bis zum Tod ununterbrochen schwimmen. Die Ursachen dafür sind die höhere Körperdichte, die oft fehlende Schwimmblase und die erhebliche Menge an Sauerstoffkonsum. Die dichte Gewebemasse macht den Körper schwerer, und deshalb müssen sie ständig schwimmen, und selbst beim Schlafen müssen sich die Thunfische fortbewegen. Für den enormen Energieaufwand verbrauchen sie eine große Menge an Sauerstoff, und durch die ständige Fortbewegung lassen sie umso mehr Wasser über die Kiemen fließen, umso größere Mengen Sauerstoff sie aufnehmen. Ansonsten würden sie ersticken. Thunfische können eine Hochgeschwindigkeit von bis zu 95 km pro Stunde erreichen. Jedoch muss ihre Mindestgeschwindigkeit bei mehr als einer Körperlänge pro Sekunde bleiben. Ansonsten würden sie sinken. Aus diesen Gründen durchschwimmen die Thunfische in ihrem Leben mehrfach die Ozeane.[136]

Die Nahrung der Thunfische besteht aus Kleinfischen, Tintenfischen und anderen kleineren Lebewesen, die unterwegs vorzufinden sind. Das Nomadenleben der Thunfische ist durch die ständige Fortbewegung bedingt, da sie die drei bedeutenden Merkmale erfüllen müssen, die lauten: nicht ersticken, nicht sinken und nicht hungern.

Aufgrund der enormen Vorkommen und des schnellen Wachstums, sind die Thunfische seit der zweiten Hälfte des 20. Jahrhunderts ein bedeutendes Jagdziel für den kommerziellen Fischfang geworden. Bis zu den 80er Jahren behaupteten Thunfischforscher und Meereskundler, dass eine Gefährdung der Thunfischbestände durch Überfischung unmöglich sei.[137] 20 Jahre später vertraten alle Wissenschaftler und Thunfischfänger die Meinung, dass die weltweiten Thunfischbestände gefährdet sind und stark abnehmen.

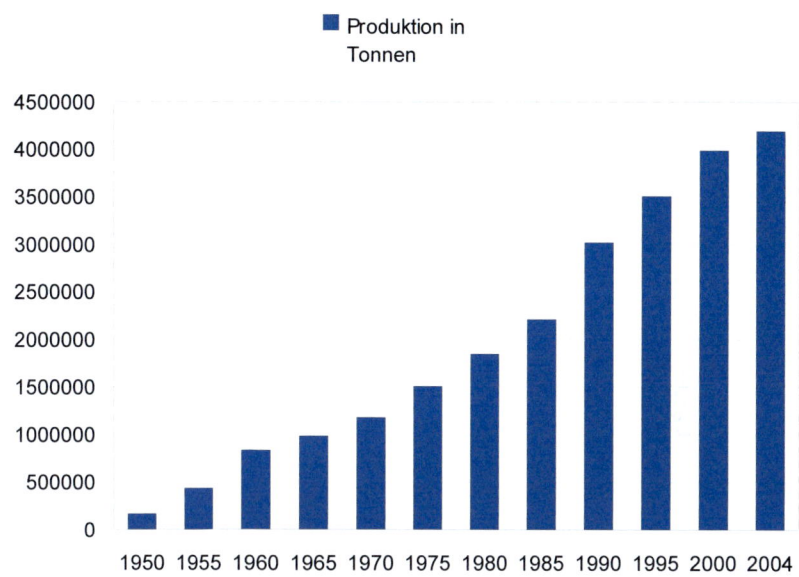

Abbildung 12: Gesamt-Thunfischproduktion zwischen 1950 und 2007

Seit Mitte der 50er Jahre nahm der weltweite Thunfischfang ununterbrochen zu. Der bisherige Peak im Thunfischfang wurde wahrscheinlich im Jahre 2006 mit der Höchstproduktionsmenge von 6.436.997 Tonnen erreicht. In den darauf folgenden Jahren war die Gesamt-Thunfischproduktion ständig abnehmend. Anhand der FAO-Angaben sollte die Jahresproduktion von 2008 über 2% niedriger sein als die vorherige Produktion.[138]

Albakore (*Thunnus alalunga*)

Albakore sind auf ständiger Wanderung und über das gesamte Tropengebiet bis zu den kälteren Regionen vorzufinden. Sie werden bis zu 140 cm groß und können bis über 60 kg wiegen. Der gegenwärtige Fangdurchschnitt liegt bei 60 cm Länge und 15 kg Körpergewicht, allerdings liegt die Geschlechtsreife bei 90 cm Körpergröße. Der Weltthunfischanteil der Albakore liegt bei 5% und verfügt über eine jährliche Fangmenge von 300.000 Tonnen. Sie erreichen eine Lebensdauer von 5 Jahren, aber durch die weltweite Überfischung sind kaum ausgewachsene Albakore vorzufinden. Albakore besitzen ein weißes Fleisch und ähneln im Geschmack und Aussehen dem Hähnchenfleisch. Deshalb wird der Albakore auch Meereshähnchen genannt. Die Albakore werden vorwiegend für die Konservendose verarbeitet und besitzen in den USA eine hohe Beliebtheit.[139]

Bigeye bzw. Großaugenthun(*Thunnus obesus*)

Der Großaugenthun kann bis zu 250 cm wachsen und ein Körpergewicht bis über 300 kg erreichen und ein Alter von 11 Jahren. Er schwimmt in tieferen Gewässern, ist im atlantischen, indischen und pazifizischen Ozean beheimatet. Wegen seines Lebensraums in den tieferen kälteren Gewässern besitzt er mehr Fettinhalte und ist demzufolge für die japanische Shashimiherstellung sehr geeignet. Deshalb wird er hauptsächlich von den Japanern konsumiert. Wegen der dunklen Fleischfarbe ist der Bigeye für die Konservierung nicht geeignet. Der ausgewachsene Großaugenthun sollte wie Rindfleisch schmecken und wird deshalb auch als Steak konsumiert. Der Weltfang liegt bei 600.000 Tonnen, und er hat im Gesamtthunfischfang einen Anteil von 10%.[140]

Bluefin bzw. Roter Thun (*Thunnus thynnus*)

Dieser Thunfisch kann bis zu fünf Meter lang werden und ein Körpergewicht von 900 kg erreichen. Roter Thun gehört zu den größten Fischen der Meere. Er kann ein Alter von 25 Jahren erreichen und lebt hauptsächlich in den nördlichen Bereichen des Atlantiks. Die rote Fleischfarbe prädikatiert diesen Thunfisch für den japanischen Shashimimarkt, und es werden darum sehr hohe Preise bezahlt. Der Verwandte des roten Thun ist der südliche Bluefin, der im südlichen pazifischen, indischen, und atlantischen Ozean beheimatet ist. Der Bluefin hat in der Welt-Gesamtproduktion der Thunfische einen Anteil von 1%.[141]

Yellowfin bzw. Gelbflossenthun (*Thunnus albacáres*)

Dieser Thunfisch ist die zweitbedeutendste Art im kommerziellen Thunfischfang. Aufgrund der gelben Farbe im Flossenbreich wird sie Gelbflossenthun genannt. Der Gelbflossenthun verfügt über die gleichen

Verbreitungs- und Laichgebiete wie der Skipjack. Allerdings ist er größer und erreicht eine Länge von über 239 cm, ein Körpergewicht von 200 kg und eine Lebensdauer von 8 Jahren. Die gegenwärtig gefangenen Gelbflosssenthuns haben eine Länge von 40-180 cm und ein Körpergewicht von 5-20 kg. Zwischen 16-20% der gesamten Thunfischfangmenge der Welt wird von den Geblflossenthuns gedeckt. Die gegenwärtige Fangmenge beträgt 1,1 Millionen Tonnen. Der Gelbflossenthun wird zum größten Teil für die Konservendose verarbeitet.

Der Gelbflossenthun ist ein sehr schneller Schwimmer. Er ist ein festes Mitglied eines Schwarms und schwimmt ununterbrochen durch die Ozeane. Wegen seiner bedeutenden Körpergröße und Schnelligkeit wird er häufig von Delfinen begleitet, und so verursacht der Fang auch Delfinsterben oder Delfinbeifang. Aufgrund des weltweiten Protests gegen den Delfinbeifang sind die Fischer vorsichtiger geworden und versuchen Delfine zu vermeiden. Es ist aber nur eine Sache des Vertrauens, weil eine Kontrolle auf dem riesigen Ozeangebiet, zwischen dem 45°N- 45°S und 180°W – 180°O, praktisch unmöglich ist.[142]

Skipjack (*Kansuwonus pelamis*)

Der blaue Rücken, der silberne Bauch und die vier bis sieben länglichen Streifen im Bauchbereich machen diese Sorte besonders auffällig. Kaum ein anderer Fisch dieser Größe, von einem Meter, zeigt diese Farbeigenschaften. Sie besitzen keine Schwimmblase, auch deshalb ist das ständige Schwimmen notwendig. Die Skipjacks verfügen über eine starke Bindung zu Schwärmen, zeigen ein neugieriges Interesse an Seevögeln, Walen, Haien und anderen Schwimmobjekten und exerzieren charakteristische springende Schwimmmanöver.

Abbildung 13: Skipjack

Skipjacks waren eine gelegentliche Nahrung für die einheimischen Insel- und Küstenbewohner, an denen die Schwärme vorbeizogen. Die Bewohner von Hawai nennen sie „Aku", auf der Samoainsel heißen sie „Faoluna", „Jodari" in Ostafrika, und in Sri Lanka heißen die Skipjacks „Balaya". In der Hochsaison schwammen die Skipjacks in Scharen vorbei, und die Einheimischen konnten, je nach Gelegenheit, ihre Nahrung absichern. Die gefangenen Fische wurden in der Sonne getrocknet und für längere Zeit gelagert. Diese Art Fänge konnten die Schwarmgröße der Skipjacks nicht beeinträchtigen, und so schwammen sie jede Saison an den Küsten und Inseln vorbei.

Zwischen den 58° N - 47° S und 180° W-180° O sind die Skipjacks die am meisten verbreitete und in enormen Mengen vorkommende Thunfischart. Manchmal erreichen die Skipjaks auch die Nordsee, jedoch im Mittelmeer und Schwarzenmeer sind sie nicht vorhanden. Vielleicht liegt es an der Meeresenge von Gibraltar. In der Regel leben die Skipjacks in den Wassertemperaturen zwischen 20-30 Grad Celsius. Trotzdem schaffen es die erwachsenen Skipjacks auch in die Gewässer bis 15 Grad Celsius.[143]

Im zweiten Lebensjahr wird ein Skipjack geschlechtsreif. Entlang des Äquators laichen sie das ganze Jahr hindurch. Die höchste Laichzeit wird in den Monaten Juni und Juli erreicht. Die Laichgebiete der Skipjacks liegen zwischen dem Äquator und dem 10. nördlichen Breitengrad. Jüngere Skipjackweibchen legen weniger Eier, aber die Zahl erhöht sich nach Alter und Körpergewicht. Ein 2,5 kg wiegendes Weibchen kann 141.000 Eier produzieren, ein 8 kg schweres Weibchen dagegen bis zu 1,2 Millionen Eier. Im Durchschnitt produzieren die Skipjacks 80.000 bis 2 Millionen Eier im Jahr. Die Eier sind durchsichtig und fassen einen Millimeter im Durchmesser. Die freigewordenen Eier werden von den parallel schwimmenden Männchen sofort befruchtet. Innerhalb von 24 bis 36 Stunden schlüpfen die drei Millimeter großen Babyfische. Über 99% dieser Babyfische werden bis zum Alter von einigen Monaten von verschiedenen Meerestieren gefressen. So liefern die Skipjacks ein großes Angebot an Nahrung für die Natur.

Die Nahrung der Skipjacks besteht aus den an der Wasseroberfläche schwimmenden Kleinfischen, wie Sardinen, Sardellen, Heringe und Tintenfische, die sie früh am Morgen und am Nachmittag in großen Mengen einnehmen. Täglich fressen sie bis zu 30% ihres

Körpergewichts, und so erreichen sie im dritten Lebensjahr ein Gewicht von über 10 kg.

Das Populationswachstum der Skipjaks ist bedingt durch eine hohe Geburtenrate und eine hohe Sterberate. Sie bieten eine enorme Menge an Nahrung für andere Tiere, und sie selbst konsumieren eine enorme Menge anderer Tiere, und so blieb ihre Populationsgröße vermutlich immer konstant, bis die Industriefischerei ihre Dienste aufnahm. Die wärmeren Gewässer ermöglichen den, aus wenig übrig gebliebenen Eiern, geschlüpften Thunfischen ein schnelles Wachstum. Sie leben in der oberen gemischten Fläche der Ozeane und erreichen ein Höchstalter von bis zu 12 Jahren. Sie können eine Länge von bis zu 108 cm und ein Höchstgewicht von 35 kg erreichen. Jedoch beträgt die Durchschnittslänge in der Gegenwart 35 cm und das Durchschnittsgewicht von nur 3 kg ist die weltweite Norm. Die Skipjacks erwartet eine sehr hohe Geburtenrate, eine sehr hohe natürliche Sterberate und eine kurze Lebensdauer. Aus diesen bedeutenden demographischen Merkmalen und dem weitverbreiteten Vorkommen resultiert eine enorme Biomasse der Skipjacks in den Weltmeeren. Skipjacks führen ein extrem nomadisches Leben und schwimmen in Riesenschwärmen durch die Ozeane. In den letzten zwei Jahrzehnten sind die Fänge der Skipjacks ständig gestiegen, und seit vielen Jahren liegt der Weltdurchschnitt bei 55% des gesamten Thunfischfangs.

Normalerweise sind die Thunfischschwärme häufig von Delfinen begleitet, und deshalb verursacht die Thunfischjagd ein Delfinsterben als Beifang. Daraus resultierten weltweite Proteste der Delfinliebhaber, und diese riefen zum Thunfischboykott auf. Um diesen Vorwürfen zu entgehen, versuchten die Fischer einen delfinfreien Thunfischfang nachzuweisen, indem sie auf der Konservendose eine Abbildung anbringen ließen, mit einem im Kreis durchgestrichenen Delfin. Die Delfine begleiten nur die größeren Thunfische, und wegen der kleineren Körpergröße (oft unter einem Meter) vermeiden die Delfine die Begleitung der Skipjackschwärme. Deshalb verursacht die Jagd auf Skipjacks kaum Delfinbeifang, und somit können die Skipjackfänger bessere Noten bei den Delfinschützern erzielen. Trotzdem lassen sie auf der Skipjackdose das delfinfreie Zeichen markieren, um ein besseres Vertrauen bei den Kunden zu erzielen.

Aufgrund der kleinen Körpergröße ist der Skipjack ideal in kleine Stücke zu schneiden und ein exzellenter Thunfisch für die Verpackung in die

Konservendose. Mindestens 80% des weltweiten Skipjackfangs wird für die Konservendose verwendet. Vor 50 Jahren lag der weltweite Skipjackfang bei etwa 300.000 Tonnen im Jahr, und seit den letzten Jahren stieg diese Zahl auf über 3,4 Millionen Tonnen an. Die gesamten Gewässer, in denen Skipjacks vorhanden sind, werden in Anspruch genommen, und in vielen dieser Gewässer wurden die Skipjacks fast ausgerottet.

In der folgenden Berechnung wird das Wachstum eines Skipjackfischschwarms, innerhalb bestimmter Jahre, als geschätztes Bild dargestellt.

F = Anzahl der Fische, p = prozentuales Wachstum, n = Jahre

$F_n = F (1+ p/100)^n$

Bei einer konstanten Schwarmgröße von 50.000 Fischen, wenn die Sterberate durch die Geburtenrate ausgeglichen wird, wird die Berechnung, über einen Zeitraum von 30 Jahren, wie folgt aussehen:

F = 50.000, p = 0%, n = 30

$F_n = 50.000(1+ 0/100)^{30} = 50.000$, hier, wenn keine Naturkatastrophen oder Krankheiten auftreten würden, würde theoretisch die Schwarmgröße von 50.000 Fischen bestehen bleiben. Andererseits sieht die Berechnung, bei einem jährlichen Fischfang von 10% aus diesem Schwarm, wie folgt aus:

Anzahl der Fische F = 50.000, Jahreswachstum p = -10%, Jahren n = 30

$F_n = 50.000(1- 10/100)^{30} = 2.119$, bedeutet, dass 30 Jahre später die Schwarmgröße von 50.000 Skipjack-Thunfischen auf 2.119 Fische schrumpfen wird. Als normale Regel besitzen Schwarmfische, je nach Fischart, eine Mindestzahl an Fischen im Schwarm, ansonsten können sie nicht überleben.

Das Populationswachstum der Skipjack-Thunfische in der Natur liegt bei weniger als 1%, und aus diesem Grund wird eine kurzfristige Schonzeit die Wiederkehr der Fische nicht ermöglichen.

Falldarstellung: Passenger Pigeon und Skipjack

In dieser Hinsicht ist die Lage der Skipjacks, im Vergleich zur ausgestorbenen Passenger Pigeon, sehr identisch. Der Bestand einer bestimmten Tierart in der Natur kann durch systematische und organisierte Jagd innerhalb kurzer Zeit völlig beendet werden. Dieser Vergleich und die Untersuchung zeigt, wie gefährlich es ist, wenn, trotz der vorhandenen und authentischen Risikodarstellung, dieselben Fehler fortgesetzt werden.

Passenger Pigeon (*Ectopistes migratorius*)

Die Passenger Pigeon lebte in sehr großen Schwärmen in der gemäßigten Klimazone Nordamerikas. Sie ähnelt in der Körpergröße den heimischen Tauben. Ein einziger Schwarm dieser Vogel beinhaltete mehrere hundert Millionen Vögel.[144] Die vorbeifliegenden Schwärme der Passenger Pigeon waren bis zu einigen hundert Kilometer lang und flogen ununterbrochen für viele Stunden durch die Gegend. Wenn die Passenger Pigeon sich auf dem Wanderflug befand, gab es tagelang kein Ende von vorbeifliegenden Vogelschwärmen zu sehen, und die Sonne war verdunkelt. Die Brutkolonien der Passenger Pigeon konnten von 70 km² bis zu 2000 km² große Waldstücke sein und in einer einzigen Brutkolonie sind allein 57.000.000 Erwachsene Passenger Pigeon gezählt worden. Naturfeinde, wie Füchse, Wölfe, Eulen oder Falken, wurden außer Acht gelassen, weil die Passenger Pigeon mit ihrer enormen Schwarmgröße in der extremen Übermacht war. Trotzden lieferten sie ein riesiges Nahrungsangebot für zahlreiche Lebewesen aus der Tierwelt, inklusive den Indianern, den Ureinwohner Nordamerikas. Wenn die Indianer eine dieser Brutkolonien entdeckten, zog die ganze Siedlung in die Nähe der Brutkolonie um. Die Indianer töteten nicht die erwachsenen Vögel. Sie hatten es nur auf die neugeschlüpften plumpigen Babies abgesehen, und diese wurden zu ihrer Nahrung für die nächsten Monate.[145] Trotz dieser traditionellen Nutzung als Nahrung, wurde die Zahl der Passenger Pigeon Schwärme nicht beeinträchtigt.

Mit einer enormen Menge an Fleischlieferung unterstützte die Passenger Pigeon jahrhundertelang die armen Siedler aus Europa. Das Fleisch war vor allem eine Delikatesse, und wenn solche Vogelschwärme vorbeiflogen, aß kaum jemand in den nächsten

Wochen ein anderes Fleisch als dass der Passenger Pigeon. Zwei bedeutende Entwicklungen hatten zur systematischen Vernichtung dieser Vögel beigetragen; erstens die immer effizienter gewordene Jagdwaffe und zweitens der Schienenverkehr, durch den die entfernten Städte im ganzen Land erreicht werden konnten. Tausende von hauptberuflichen Jägern traten in den neuen Dienst ein, und Millionen von Passenger Pigeon wurden täglich per Eisenbahn in die Städte geliefert. Die Passenger Pigeon wurde in sehr großen Mengen erlegt und musste deshalb schnell verbraucht werden. So kosteten im letzten Viertel des 19. Jahrhunderts auf dem Markt von Boston 12 gerupfte, fein gesäuberte und schön verpackte Passenger Pigeon nur drei Cent. Manchmal, wenn die Lieferung groß war, gab es Angebote. So konnte man zum Beispiel für einen Cent so viele Passenger Pigeon mitnehmen, wie man tragen konnte.[146] Das Ende des 19. Jahrhunderts wurde als der Untergang der Passenger Pigeon bezeichnet und die Sichtung der Schwärme wurde kurz vor der Jahrhundertwende zur Rarität.

Als die Passenger Pigeon seltener wurde, verbot die Michigan Legislatur Anfang 1890 die Jagd innerhalb von zwei Meilen einer Brutkolonie, und 1897 ratifizierte sie ein neues Gesetz, das ein zehnjähriges Jagdverbot der Passenger Pigeon einräumte. Die Passenger Pigeon lebte zwar in der Natur, aber die erlassenen Gesetze waren nicht in der Lage, die in einzelnen oder in kleinen Schwärmen verstreuten Vögel aus den Wäldern des riesigen Kontinents Nordamerikas zusammenzuführen. Die letzte notierte Marktlieferung der Passenger Pigeon kam im Jahre 1906, die letzte Jagd fand im Jahre 1907 statt, und der letzte Vogel dieser Spezies starb im Jahre 1914 in Gefangenschaft im zoologischen Garten von Cincinnati. Einige Jahrzehnte früher hätte niemand gedacht, dass einst der mächtigste Vogel Nordamerikas auf diese Art und Weise verenden würde.

Auf einem Denkmal, für die Passenger Pigeon, im Wisconsin Wyalusing State Park steht geschrieben: „Diese Art ist durch Gedankenlosigkeit und Gier des Menschen ausgestorben".

Die Passenger Pigeon war ein Schwarmvogel und brauchte eine große Anzahl an Vögeln, um ein optimales Leben und eine optimale Fortpflanzung zu ermöglichen. Mit einer kleinen Anzahl von Vögeln in der Gefangenschaft oder in der Natur war die Rettung dieser Art nicht möglich. Die einst größten Vogelschwärme Nordamerikas wurden durch die Jagd völlig ausgerottet. Ein Vergleich zwischen den beiden

Tierarten, Passenger Pigeon und Skipjack, kann einen ähnlichen systematischen Vernichtungsvorgang darstellen.

Ein Vergleich zwischen ausgestorbenen und vom Aussterben bedrohten Tieren

Passenger Pigeon	Skipjack
Lebte nur in sehr großen Schwärmen	Lebt nur in sehr großen Schwärmen
Großes Verbreitungsgebiet zwischen 55° Nord – 20° Nord und 130° West – 60° West	Großes Verbreitungsgebiet zwischen 58° Nord – 47° Süd und 180° West – 180° Ost
Wandervogel, hatte kaum Naturfeinde	Wanderfisch, hat kaum Naturfeinde
Nachwuchs bot großes Nahrungsangebot für die Natur	Nachwuchs bietet großes Nahrungsangebot für die Natur
Wanderung wegen der Nahrungssuche	Wanderung wegen der Nahrungssuche
Nahrung bestand aus Bucheckern, Samen, Beeren und Insekten	Nahrung besteht aus Kleinfischen, Krebsen und Tintenfischen
Traditioneller Konsum durch Menschen war sehr selten	Traditioneller Konsum durch Menschen war sehr selten
Konsum steigerte sich durch moderne Jagdmethoden und moderne Transportmittel	Konsum steigerte sich durch moderne Fangmethoden, die Konservendose und modernen Transportmittel
Große Anzahl an Berufsjägern	Große Anzahl an Berufsfischern
Massenvernichtung durch Berufsjäger	Massenvernichtung durch Berufsfischer
Im Jahre 1857 hielten viele Experten den Populationsrückgang für unmöglich	Im Jahre 1983 hielten viele Experten den Populationsrückgang für unmöglich
Populationsrückgang innerhalb	Populationsrückgang innerhalb

Passenger Pigeon	Skipjack
von 30 Jahren nach dem Beginn der intensiven Jagd	von 30 Jahren nach dem Beginn der intensiven Fischerei
Zum Ende des 19. Jahrhunderts nahm die Population drastisch ab	Zum Ende des 20. Jahrhunderts nahm die Population drastisch ab
Gesetzliche Jagdverbote konnten keine Erfolge bringen	Gesetzliche Fangverbote können vielleicht Erfolge bringen
Vernichtungsschuld lag beim Verbraucher	Vernichtungsschuld liegt beim Verbraucher
Teure Schutzversuche mit großen Belohnungen konnten sie nicht retten	Teure Schutzversuche mit großen Belohnungen werden sie nicht retten
Der Untergang wurde sehr bedauert	Der Untergang wird sehr bedauert

Vor der Entwicklung der kommerziellen Industriefischerei verfügte weniger als 0,1% der Weltbevölkerung über den Zugang zum gelegentlichen Konsum des Skipjacks. Trotz einer großen geographischen Verbreitung dieser Spezies war der Zugang für Menschen sehr geringfügig. Die Fischschwärme schwammen vorbei, und die Anwohner der Küsten und Inseln verfügten kaum über Boote, Netze oder andere Utensilien, um größere Mengen Fische zu fangen. Wie beim Kabeljau oder bei den Heringen kommen die Skipjacks nicht zur Küste, um dort zu laichen, noch suchen sie Futter in Küstennahe. Aus diesem Grund konnten die Skipjacks im traditionellen Fischfang nicht leicht gefangen werden. Wegen dieser Gründe sind keine historischen Angaben über die Skipjack-Fischerei, ähnlich wie beim Kabeljaufang, der Heringsfischerei oder dem Walfang, vorzufinden.

Die moderne Industriefischerei jagt die Skipjacks auf allen Weltmeeren, konserviert deren Fleisch in der Blechdose und vermarktet sie weltweit an alle Menschen, auch an die, die nie zuvor diesen Fisch gegessen haben. Die Konservendosen verfügen über ein Haltbarkeitsdatum von bis zu 5 Jahren, jedoch wird in vielen Entwicklungsländern das Verfallsdatum nicht berücksichtigt, und somit könnte das Produkt für noch längere Zeit konsumiert werden. Wenn der weltweite Fang an

Skipjack nicht sofort eingestellt wird, wird diese bewundernswerte Spezies bald in der Konservendose den Weg zu den Museen finden, und die Menschheit wird, ähnlich wie bei der Passenger Pigeon, ein Denkmal bauen.

Das Schicksal der anderen gejagten Schwarmfische auf den Weltgewässern ist identisch mit dem Schicksal des Skipjacks, und deren Schicksal entscheidet sich durch die Essgewohnheiten der Menschen.

Das bisherige Bevölkerungswachstum wird voraussichtlich in den nächsten drei Jahrzehnten bestehen bleiben, während sich gleichzeitig die weltweite wirtschaftliche Lage ununterbrochen verbessert. Das begrenzte Ackerland, die knappen Wasserressourcen, die Umweltbelastungen, die Tierkrankheiten und die abnehmenden Fischbestände prophezeien eine grauenhafte Zukunft der Ernährung mit Nahrungsmitteln tierischer Herkunft.

Nahrungskonkurrenz

Fisch ist eine natürliche Speise vieler Meeressäuger, Ottern, Robben oder Wasservögel. Die Tiere fressen größere Mengen an Fischen, welche von der modernen Fischfangindustrie als Nahrungskonkurrent angesehen werden, und deshalb verlangen sie eine Art Reduzierung bzw. eine systematische Ausrottung dieser Tiere.

In der traditionellen Landwirtschaft waren es die Raubtiere, die die Wirtschaftstiere als Beute ansahen und so gleichzeitig das Leben des Bauern und Züchters schwer machten. Die Erfindung des rauchlosen Schießpulvers Ballistit Ende des 19. Jahrhunderts und die dadurch erfolgte Modernisierung der Feuerwaffe ab der Jahrhundertwende ermöglichte eine systematische Ausrottung der Raubtiere, wie Wölfe, Bären, Tiger oder Löwen, aus den gesamten Siedlungsgebieten. Anschließend wurde das grenzenlose Wachstum in der Fleischwirtschaft ermöglicht. Durch die Massenvernichtung der Raubtiere konnte sich die Wirtschaftstiere frei bewegen, vermehren, weiden und in den Ställen ungestört übernachten.

In diesem Hinblick könnte eine Ausrottung der fischfressenden Tierarten ein blühendes Wachstum in der Fischereiindustrie ermöglichen. Dieser Fantasievorstellung zufolge werden sich die Fische ohne Naturfeinde vermehren, und die Menschen brauchen sie nur zu fangen und grenzenlos zu konsumieren. Diese Illusion ist nicht hinreichend korrekt, weil die Menschheit über keine Kontrolle, Überwachung oder Steuerung der Weltmeere verfügt. Die bisherigen Versuche der gefährlichen Handlungen, um die Fisch fressende Tierwelt zu vernichten, können kurz- oder langfristig das Gleichgewicht des gesamten Meeresökosystems zerstören und eine Katastrophe in unaussehbarem Ausmaß auslösen.

Die systematische Ausrottung der Raubtiere zu Beginn des 20. Jahrhunderts wurde zuerst als Zahlenreduzierung bezeichnet. Die Raubtiere sollten damit bis zu einer bestimmten Anzahl verringert und unter Kontrolle gehalten werden. Offensichtlich war dies dann doch nicht der Fall, weil die Raubtiere in jeder Populationsgröße als Feind, potentielle Gefahr und Schädlinge bezeichnet wurden. Abschießen, vernichten und verjagen waren die ausgeübten Praktiken gegen die Fleischfresser aus der Wildnis.

Das Ziel, die fischfressenden Tierarten unter Kontrolle zu halten, ist das Gleiche wie bei den auf dem Land lebenden Raubtieren. Je geringer die Fischfangbeute, desto größer die Vernichtungspraktiken der fischfressenden Tierarten, die seit geraumer Zeit zunehmend bemerkbar werden.

Die Wale

Ein Institut des japanischen Fischereiministeriums, das als Befürworter des japanischen Walfangs gilt, berechnete die Menge an Fischen, die die Wale auf den Weltmeeren konsumieren. Anhand deren Berechnungen, fressen die Wale jährlich mindestens 249-436 Millionen Tonnen an Fischen.[147] An anderer Stelle behaupten sie, dass die Wale allein 500 Millionen Tonnen Fische im Jahr konsumieren, über das Sechsfache mehr als der menschliche Konsum an Meeresfischen.[148] Um die Jagdfreigabe der Zwergwale (Minkewale) zu erreichen, berechnete dieses renommierte Institut, dass eine einzige dieser Walspezies 220 kg Fisch am Tag fressen.[149] Laut dieser Berechnung frisst ein Zwergwal, bis zu einer maximalen Lebenserwartung von 60 Jahren, weit über 4,8 Millionen Kilogramm Fisch, und es existieren immer noch weit über 100.000 Zwergwale auf den Weltmeeren. Durch eine Reduzierung der Zwergwalpopulation können zwei signifikante Resultate erwartet werden. Erstes, die getöteten Wale können als Nahrungsressource dienen, und zweitens, durch die Reduzierung der Zwergwale werden sich die Fische ungehindert vermehren, die dann wiederum auch als Nahrungsressource zur Verfügung stehen würden. Die Rolle der Wale in den Weltmeeren wurde hier außer Acht gelassen.

Die Robben

Die jährliche Abschussfreigabe von mehreren Hunderttausend Robben in Kanada wird als bedeutende finanzielle Einnahme für die zahlreichen ländlichen Kommunen im Küstengebiet Kanadas begründet.[150] In der Tat wird auf diese Art und Weise die Robbenpopulation unter Kontrolle gehalten, weil sie mit der wertvollen und unverzichtbaren Industriefischerei Kanadas konkurriert. In diesem Zusammenhang ist zu erwähnen, dass eine Robbe am Tag 5% bis 8% des eigenen Körpergewichts an Fischen frisst. So taucht zum Beispiel ein männlicher Seelöwe, mit einem Körpergewicht von 200 kg bis 400 kg, 85 bis 198 Mal am Tag ins Meer und frisst dabei 10 kg bis 16 kg oder 20 kg bis 32 kg Fisch.[151] Dennoch werden die Tiere bis zu 30 Jahre alt. So werden diese Tiere, mit einer Durchschnitts-Fischeinnahme von 19,5 kg am Tag und einem Lebensalter von 25 Jahren, 178.000 kg Fisch fressen. Dieser enorme Verlust für die Fischereiindustrie ist nicht hinnehmbar, und deshalb werden diese Lebewesen als Schädlinge angesehen. Nach Wunsch der Industriefischerei müssten die gesamten Robbenkolonien der Welt unter Kontrolle gehalten werden bzw. das Wachstum der Robben rasant reduziert werden.

Die Kormorane

Der Wasservogel Kormoran ist weltweit verbreitet, und seine Spuren können bis zu den Zeiten der Dinosaurier zurück verfolgt werden. Er gehört zu den ältesten Vogelarten der Welt und brütet nur einmal im Jahr. Leider sind die Kormorane ein Dorn im Auge der Fischfänger, weil sie täglich 400 bis 500 Gramm Fische verzehren und bis zu fünfzehn Jahre alt werden. So verlangen die Fischer eine umfangreiche Abschussfreigabe der Kormorane.

Als die Akteure der Fischereiindustrie in Europa zunehmend über die Existenz der Kormorane klagten, beauftragte die Europäische Union ein Forschungsteam, um den Konflikt zwischen Fischer und Kormoran in 25 europäischen Staaten zu untersuchen. Dieses Forschungsteam, genannt REDCAFE (Reducing the conflict between cormorants and fisheries on a pan-European scale) bestand aus 43 Instutionen aus den Bereichen Umwelt, Ökologie, Fischerei und Naturschutz. Das Forschungsprojekt begann im Oktober 2000 mit einer Laufzeit von 24 Monaten. Der Endbericht ergab, dass sich die Kormorane seit Mitte der 90er Jahre ständig unter Beschuss befinden. Als Vernichtungsmaßnahme der Kormorane werden die Brutkolonien, Nester und die Schlafplätze zerstört. Brütende, Nestlinge und erwachsene Kormorane werden jederzeit erschossen. Als Beispiel wurden allein im Jahr 2001/2002 in Frankreich über 20.000 Kormorane getötet.[152]

Im REDCAFE Bericht wurde erwähnt, dass die Tötung der Kormorane in den Untersuchungsländern in drei Phasen stattfand. In der ersten Phase 1998/1999 wurde eine begrenzte Menge von 17.000 Kormoranen getötet. In der zweiten Phase fand eine geplante Tötung von 30.000 Kormoranen statt. Aber die in der dritten Phase eingeleitete jährliche Tötung von 50.000 Kormoranen kann die Existenz dieses Vogels innerhalb von 20 bis 40 Jahren völlig auslöschen.[153]

Die Kormorane leben seit Existenz der Fische. Weil der Mensch angefangen hat regelmäßig Fisch zu essen, müssen diese Tiere sterben.

Anhand dieser Beispiele wird deutlich, in welche Nahrungskonkurrenz die Menschheit mit der Natur getreten ist. Es gibt unzählbare andere Lebewesen, die sich auch von Fisch ernähren und die nun als neue Nahrungskonkurrenten zu den Menschen auftreten. Die Aufgaben dieser Tierspezies, Fisch als Nahrung zu sich zu nehmen, würden damit überflussig. Hier rückt die Frage näher, ob Fisch eine natürliche Nahrung für den Menschen ist, so wie für die Robben, Ottern, Wasservögel, Delfine oder Wale. Wenn ja, warum kann dann der Mensch ohne Hilfsmittel keine Fische fangen, warum bleiben die Fischgräten ihm im Hals stecken und warum sind die Fischgifte für ihn schädlich?

Die möglichen Schutzmaßnahmen

Verzicht auf Fischkonsum ist die beste Lösung für die Umwelt und für die eigene Gesundheit. Menschen, die trotz aller Bedenken über die gefährdete Lage der Fischbestände unbedingt weiterhin Fisch essen möchten, sollten die folgenden Schutzmaßnahmen beachten:

1) Importfische vermeiden (Lebendig, frisch und gefroren)

2) Fischprodukte vermeiden (Nugget, Stäbchen, Frikadelle, Kaviar, Surimi, Sashimi, Fischöl etc.)

3) Industrielles Fischfilet vermeiden (entgräteter Fisch erhöht den Konsum um das Mehrfache)

4) Fischkonserven vermeiden (Fischkonserven verursachen skrupellosen Fischfang)

5) Gefütterte Zuchtfische vermeiden (benötigen Fischmehl oder anderes abartiges Futter)

6) Scampi vermeiden (auch einheimische Scampi verursachen Beifang. 1Kg Scampi = 10 kg Beifang)

7) Hochsee- und Tiefseefische vermeiden (migratorische Fische und Fische aus der dunklen Tiefe)

8) Fische aus dem intensiven Fischfang vermeiden (Industriefischerei der Küstengewässer)

9) Regelmäßigen Fischkonsum vermeiden (wenn überhaupt, äußerst selten)

Mit der Anwendung dieser Schutzmaßnahmen können die Verbraucher eigenhändig innerhalb weniger Jahre die noch vorhandenen Fischbestände schützen und sie rehabilitieren.

7. Zusammenfassung

Der Fischkonsum gewinnt rasant an Beliebtheit. Von allen Schichten der Gesellschaft wird Fisch als besondere Nahrung bevorzugt. Die biologische Vielfalt und die unterschiedlichen Geschmacksrichtungen prädikatieren Fisch als kulinarisches Naturprodukt. Die zweite Hälfte des 20. Jahrhunderts kann als Trendphase des Fischkonsums bezeichnet werden. Der Fisch ist das einzige Naturgut, das der Mensch, ohne sich um deren Nachwuchs zu sorgen, grenzenlos fangen und konsumieren kann. Um die Fischversorgung aufrecht zu halten, wird in allen Weltmeeren und Binnengewässern intensiv gefischt. Gleichzeitig wird der Fisch als gesunde Nahrung propagiert und besitzt dadurch eine bedeutende Stellung unter den Lebensmitteln.

Weil der Mensch ohne Hilfsmittel keine Fische fangen kann, in der natürlichen Form keine Fische mit Gräten essen kann und die Fischgifte nicht verdauen kann, bleibt noch offen, ob Fisch eine natürliche Nahrung für die Menschen ist. Der gängige Fischkonsum orientiert sich an den verarbeiteten Fischen, indem die Fische vor dem Verkauf filiert und entgrätet werden. Dieses Verfahren ermöglicht einen rapiden Anstieg des Fischkonsums, und zeitgleich werden große Mengen an Fischabfällen produziert. Die Propagierung der wertvollen Nährstoffe, wie der Omega III Fettsäure, im Fisch ermöglicht immer mehr Fisch zu verzehren. Allerdings finden die Meeresgiftstoffe, wie Ciguatoxin, Saxiton, Scrombotoxin, Tetrdotoxin, oder die Krankheiten durch Fischparasiten wenig Relevanz im Diskurs Fisch als gesunde Nahrung. Der wachsende Fischhandel, gefolgt durch den zunehmenden Fischkonsum, beruht auf der kommerziellen Industriefischerei und der effektiven Verkehrsinfrastruktur. Der traditionelle Fischfang konnte nur sehr kleine Fischmengen erwirtschaften, und entsprechend war der Verbrauch sehr begrenzt.

Die Industriefischerei ist mit einer technisch hoch entwickelten Fangflotte, elektronischen Fischortungsgeräten, FAD, Satellitennavigation, Fluggeräten, Treibnetzen, Grundnetzen, Langleinen, Wasserpumpen, Narkosenmitteln, Giftstoffen, Sprengstoffen etc. ausgerüstet und fängt damit erfolgreich in Grund- und Pelagialgewässern Fische. Die Nutzung von hochgiftigen Chemikalien und der Einsatz von Sprengstoffen, gehört in vielen Fanggegenden der Erde zur Tagesordnung. Das Abpumpen von

Binnengewässern mit Dieselmotoren, um die sich dort befindenden Fische zu fangen, gehört ebenfalls zur Normalität. Über 4 Millionen Fangschiffe und Fangboote sind weltweit im täglichen Fischereieinsatz. Gewöhnlich ist die Fangflotte der Industrienationen technisch hoch ausgerüstet. Die Fangflotte der Entwicklungsländer ist dagegen je nach wirtschaftlicher Verfügbarkeit und Art des Fanges ausgerüstet.

Die Fischwirtschaft unterteilt sich in verschiedene Bereiche, wie Hochseefischerei, Küstenfischerei, Binnenfischerei, Sportfischerei und Fischzucht. Außer in der Fischzucht, praktizieren alle anderen Fischereiarten ihren Fischfang in der Natur. Die Zahl der Berufsfischer ist in den letzten 20 Jahren gestiegen, und gleichzeitig stieg die Zahl der Fischzüchter, die die Aquakultur praktizieren. Das Wachstum der Berufsfischer findet vorwiegend in den Entwicklungsländern statt, und als Konsequenz der Modernisierung der Fangflotte ging die Zahl der Berufsfischer in den Industrieländern zurück. Das Wachstum im Bereich der Hobbyfischer ist sehr groß. Schätzungsweise praktizieren über eine Milliarde Menschen weltweit Fischfang als Sport oder Hobby. Auch die fischereiverwandten Berufe, wie Bootsbau, Schiffsbau, Produktion von Fischfanggeräten, Fischverarbeitungsanlagen, Fischhandel und Fischtransport, beschäftigen viel mehr Arbeitskräfte als die Fischerei selbst.

Der Fischfang ist überwiegend an der Qualität der Wasserfahrzeuge orientiert. Wasserfahrzeuge im traditionellen Zustand können für keinen nennenswerten Fischfang eingesetzt werden. Die Motorisierung der Wasserfahrzeuge öffnete eine neue Ära in der Fischereigeschichte, und diese Entwicklung gilt als Wendepunkt des Fischfangs. Als im Jahre 1850 die globale Fischproduktion schätzungsweise bei nur 1,5 Millionen Tonnen lag, existierten keine motorisierten Wasserfahrzeuge. Im Jahre 2008 stieg die Zahl des weltweiten Fischfangs auf über 145 Millionen Tonnen an.

Länder, die über große Fischproduktionsmengen verfügen, können nicht als die gößten Fangnationen akkreditiert werden. Diejenigen Länder gehören zu den größeren Fangnationen, die mehr Fische pro Kopf ihrer einheimischen Bevölkerung fangen. Ein Beispiel: Die VR China produzierte als die größte Fischfangnation im Jahre 2005 nur 37 kg Fisch pro Kopf ihrer Bevölkerung. Island produzierte dagegen im gleichen Jahr 5.658 kg Fisch pro Kopf ihrer Bevölkerung.

Parallel zum Fischfang wuchs die Fischzucht in den letzten zwei Jahrzehnten enorm an. Das Wachstum der Fischzucht liegt viel höher als beim Fischfang. Durchschnittlich wuchs die Aquakultur um 10% pro Jahr an, und im Verhältnis zur wachsenden Weltbevölkerung signalisiert dieser Trend des Wachstums keine Sättigungsgrenze. Die Fischzucht befindet sich im extensiven, semi-intensiven und intensiven Zustand. Die semi-intensive und intensive Fischzucht liefert Fische für den Weltmarkt. Diese kommerzielle Fischzucht ist auf die regelmäßige Fütterung der Zuchtfische angewiesen und gleichzeitig, für den Erwerb des Fischfutters, von dem internationalen Fischfutterhandel direkt abhängig. Der Großteil des Fischfutters der intensiven Fischzucht besteht aus Fischmehl, das aus Meeresfischen hergestellt wird. Bei diesem Umwandlungsverfahren, von frischen Fischen zu trockenem Fischmehl, geht etwa 80% des Originalgewichts verloren.

Die Futterquellen der Zuchtfische beinhalten auch Tiere aus der Natur, Abfälle oder Stallmist der Wirtschaftstiere. Um die Fische vor den Infektionskrankheiten zu schützen, werden diese in der semi-intensiven und intensiven Fischzucht mit Veterinärmedizin behandelt. Die Rückstände der Veterinärmedizin in Zuchtfischen landen in der Nahrungskette.

Die Fischzucht ermöglicht ein vorübergehend besseres Einkommen und zusätzliche Nahrung und zeitgleich langfristige Verluste in der Natur und Gesundheit. Die Fischzucht kann nicht als Ausweg aus dem stagnierenden Fischfang angenommen werden, weil für die Fütterung der Zuchtfische Fische und andere Tiere aus der Natur verwendet werden müssen. Eine intensive Fischzucht ohne Einsatz der Veterinärmedizin ist absolut unmöglich.

Der globale Fischverbrauch befindet sich im sehr unterschiedlichen Zustand. Über 40% der Fischproduktion wird als Frischfisch konsumiert. Aufgrund des Mangels an Infrastruktur findet die Verwendung von frischen Fischen überwiegend in den Entwicklungsländern statt. Der Fischkonsum in den meisten Industrieländern basiert auf verarbeiteten Fischen, wie filierte oder gefrorene Fische, Fischkonserven oder in Form eines Fertigproduktes.

Einer der am schnellsten wachsenden Nahrungsmittelmärkte ist der Welt-Fischhandel. Die bestehende Kühlkette, Informationstechnologie, der schnelle Transport und das Konservierungsverfahren ermöglichen dieses rasche Wachstum. Im Jahre 2007 wurden über 55 Millionen Tonnen Fisch auf dem Weltmarkt gehandelt, mit einem Gesamtwert von über 92 Milliarden US-Dollar. Die wichtigsten Exportnationen sind die ostasiatischen Staaten, und die wichtigsten Importnationen sind Japan, die EU (12) und die USA. Der zunehmende Welt-Fischhandel ist ein Ergebnis der WTO-Verhandlungen im Bereich des Fischexports. Daraus resultierte der Fischhandel als die größte Exporteinnahme der Entwicklungsländer.

Die wesentlichen Fischhandelszentren sind die berühmten Metropolen der Industiestaaten. Trotz einer großen Vielfalt gefangener und gezüchteter Fische, wird nur mit begrenzten Fischsorten auf den internationalen Märkten gehandelt. Die beträchlichen Fischarten sind Scampi, Alaskaseelachs, Skipjack-Thunfisch und Lachs. Diese vier Fischarten erzielen über 46% des Welt-Fischhandels. Die Preisverhältnisse auf dem Weltmarkt in den konsekutiven Jahren sind pausenlos zunehmend. Die Ursachen dieser Preissteigerung liegen an dem stagnierenden Fischfang auf den Weltmeeren, an der andauernden Verteuerung des Fischfutters für die Zuchtfische und am zunehmenden Fischkonsum als beliebtem Nahrungsmittel.

Die Industriefischerei fängt ausgewählte Fischarten samt aller anderen Fische und Lebewesen, die als Beifang bezeichnet werden. Gewöhnlich ist der Beifang um das Mehrfache größer als die gewünschten Fische. Der Beifang wird aussortiert und, tot oder lebendig, ins Meer geworfen. Bei der Grundfischerei beträgt für jedes kg gezielt gesuchtem Fisch bis zu 5 kg andere Fische und andere Lebewesen. Die Praktizierung des ´High grading vernichtet die Jungfische der gefischten Fischart. Um eine einheitliche Größe der Fische zu erreichen, werden hier die kleineren Fische immer wieder tot ins Meer geworfen. Um riskante Beifänge, wie den Delfinbeifang, zu vermeiden, werden andere unnötige Beifänge im großen Ausmaß verursacht. Die Lage der Seevögel, Meeresschildkröten, Haie und Rochen als Beifang der Industriefischerei ist beängstigend und alarmierend.

Die Industriefischerei hinterlässt auch ungeregelte Naturverhältnisse, wie die Möwenplage, die als direkte Konsequenz des großartigen Fischfangs bezeichnet werden kann.

Die Zerstörung der Fischbestände finden im zweifachen Ausmaß statt. Als erstes werden die Fische gefangen und als zweites werden deren

Lebensräume zerstört. Die Grundfischerei mit Grundschleppnetzen reißen den Meeresboden nieder und vernichten die Fischstandorte. Die Verwendung von Giftstoffen, Sprengstoffen und diversen Fischfangutensilien verwüsten ebenfalls die empfindliche Biodiversität im Küstengewässer.

Die Wasserverschmutzung in den Binnengewässern und Flussmündungen reduziert die Fischbestände. Zeitgleich vernichtet die übermäßige Nutzung von Frischwasserressourcen für die Industrie und Landwirtschaft ebenfalls deren Lebensräume und Fortpflanzung. Maßnahmen, wie der Dammbau, verhindern die Fischwanderungen, und die Einfuhr von fremden Spezies und fremden Wasserpflanzen bedrohen die Existenz der einheimischen Fische.

Die kommerzielle Fischerei wandelte die natürlichen Fischbestände schrittweise als Rohstoff für die Industrie um. Die Intensivierung der Industriefischerei in den letzten 50 Jahren führte zur Entleerung der meisten Fischbecken der Weltmeere. Über 90% der Meeresfische befinden sich in den Küstengewässern, und aus diesem Grund sind die Fanggebiete mit bestimmten Küsten verbunden. Insgesamt 18 dieser Fangbecken, wie der Nordatlantik oder Südfazifik, gelten als intensive Fanggebiete. Die Fangmenge in allen diesen Fanggebieten ist stark zurückgegangen.

Die Motorisierung der Fischerboote führte zu Streitigkeiten zwischen vielen Küstenstaaten. Die Konfliktursachen lagen in den unabhängigen Vorstellungen über die Nutzung des Meeres. Um die Streitangelegenheiten zu schlichten und gleichzeitig die Natur zu schützen, wurden eine Reihe von internationalen Abkommen verabschiedet und beträchliche internationale Organisationen ins Leben gerufen. Das bedeutendste dieser Abkommen ist die UN-Konvention für die Rechte über die Meere (UNCLOS), das im Jahre 1982 verabschiedet wurde. Zahlreiche andere Abkommen, wie das UN-Abkommen über hochmigratorische Pelagialfische, FAO Verhaltenskodexe, Abkommen über illegale Fischerei, FAO-Fischereigremien, die regionalen Fischereibehörden, und die gemeinsame Fischereipolitik der EU sind von besonderer Bedeutung. Zahlreiche andere Institutionen und Organisationen beschäftigen sich mit der Meeresumwelt, dem Fischfang und dem Fischverbrauch. Die gemeinsamen Ziele der meisten dieser Institutionen und Organisationen sind, dass die Biodiversität der Weltmeere bestehen bleibt und gleichzeitig die Fische als Nahrung zu Verfügung stehen. Diese Vorstellung ist widersinnig und irrelevant.

Je weniger das Fischvorkommen, desto fortgeschrittener werden die Fischereitechniken. Ein Kampf um den Fisch hatte schon begonnen, so dass in der Tat Kämpfe zwischen rivalisierenden Fangflotten bis zu kriegerischen Auseinandersetzungen zwischen den Fischfangnationen stattfanden und immer noch stattfinden.

Das Szenario des Peak-Fischs ist in Sicht. Die andauernde Fangsteigerung der Industriefischerei ist anscheinend beendet. Seit Beginn des 21. Jahrhunderts ist der Meeresfischfang praktisch stagniert und in vieler Hinsicht rückläufig. Im Jahre 2000 lag die letzte Fangspitze bei einer Gesamt-Fangmenge von 86,8 Millionen Tonnen. Anschließend nahm die Fangmenge bis zur Gegenwart nur ab.

Unterschiedlichen Berechnungen gemäß, werden bekannte Fischarten, wie die Thunfische, innerhalb weniger Jahrzehnte aussterben, wenn der bisherige Fang und Verbrauch bestehen bleibt. Die besonders betroffene Thunfischart ist der Skipjack, der über 55% des gesamten Thunfischfangs ausmacht und ausschließlich in der Konservendose vermarktet wird. Ein Vergleich der Lage des Skipjacks mit der ausgestorbenen Passenger Pigeon vermittelt ein authentisches Bild der Zerstörung für die Zwecke der Ernährung.

Eine Nahrungskonkurrenz zwischen Mensch und fischfressender Tierwelt ist spürbar aufgetreten. Tiere, die die Fische als Grundnahrung verzehren, wurden als Schädlinge deklariert. Weil die Landprodukte für die wachsende Weltbevölkerung nicht ausreichend erscheinen, werden die Weltmeere als Alternative zu der Landwirtschaft konzipiert. So sind die Tierarten, wie Wale, Robben oder Kormorane, überflüssig, und deren Ausrottung wurde als besserer Ausweg dargestellt.

Der Fischfang in der Natur ist rückläufig, und es droht die Ausrottung der noch vorhandenen Fischbestände. Die Fischzucht ist direkt vom Fischfang abhängig, indem die wilden Fische an die Zuchtfische verfüttert werden. Auch hier kann Fisch, aus wirtschaftlichen und ökologischen Gründen, nicht als Grundnahrung dargestellt werden. Eine drastische Reduzierung des Fischfangs und Fischkonsums kann den weltweiten Fischbestandsrückgang einholen und gleichzeitig die Umwelt schonen.

[1]Deutsche Welle – dw-world.de vom 24.04.2007
[2]Statistisches Bundesamt, Wiesbaden 2005
[3]Statistisches Bundesamt, T17 Todesursachen, Wiesbaden 2009
[4]Kurlansky, M; Kabeljau, der Fisch, der die Welt veränderte, S. 150, München 2001
[5]CDC; Marine Toxins: Specific advise for avoiding marine toxin poisoning, Atlanta 2009
[6]FDA; BBB – Scombrotoxin, Silver Spring 2009
[7]University of Georgia; Angler´s Guide to Fish Diseases and Parasites, Athens/Georgia 1991
[8]FDA; Fish and Fishereis Products Hazards and Controls, Silver Spring 2001
[9]Sauer, C.O; Seashore – Primitive Home of Man? In Proceedings of the American Philosophical Society, Vol. 106, S. 41-47, Philadelphia 1962
[10]Woodham-Smith, C; The Great Hunger, S. 401, London 1964
[11]Woodham-Smith, C; a.a.o., S. 32
[12]Becker, J; Hungry Ghosts: Chinas Secrete Famine, London 1996
[13]FAO; Fisheries Statistics and Informations, Fleets, Rome 2007
[14]Lloyd´s Database, London 2007
[15]FAO; Fisheries Statistics and Informations, Fleets, Rome 2007
[16]ASA; Angling Retains its Mainstream Appeal and Broad Economic Impact, Alexandria VA 26.09.2007
[17]FAO; World Review of Fisheries and Aquaculture, Part I, S. 22-23, Rome 2006
[18]FAO; World Review of Fisheries and Aquaculture, Part I, S. 24. Rome 2008
[19]WRI; Fishing for Answers – Making Sense of the Global Fish Crisis, S. 87, Wasington DC 2004
[20]DFO/Dept. of Fisherie s & Oceans; A Recent Account of Canada´s Atlantik Cod Fishery, Ottawa 2007
[21]ASA; a.a.o., Alexandria VA, 26.09.2007
[22]Kurlansky, M; a.a.o., S. 27
[23]Kurlansky, M; o.o.a. S. 69
[24]AQUI-S; Live Fish Transportation – Online Service 2007
[25]Wurts, W.A; Using Salt to Transport Live Fish, Princeton 2007
[26]Rothschild, B.J; Global Fisheries, International Tuna Management Revisited, S. 126-129, New York 1983

[27]FAO; Yearbook of Fishery Statistics, total international Trade in fishery commodities, Rome 2009

[28]FIN; Fishmeal from managed resources, London 2007 und FAO; Statistical Databases, Rome 2007

[29]FAO; Fisheries and Aquaculture, Overview, S. 1, Rome 2007

[30]FAO; Fisheries and Aquaculture, o.o.a. S. 1

[31]FAO; Animal Feed Resources Information System – Animal Products, Rome 2007

[32]Nutreco; Salmon feeds – Trends in levels of fish meal fish oil, S. 11, Amersfoort 2007

[33]Fisheries and Aquaculture Department, Rome 2007

[34]Fisheries and Aquaculture Department, Rome 2007

[35]FAO; Country Profile China – National Aquaculture Sector Overview – Cultured Species, Rome 2007

[36]WRI; a.a.o., How significant is aquaculture in global fisheries prouction, S. 44-46, Washington DC 2004

[37]Nutreco; Salmon feeds – Trends in levels of fish meal fish oil, S. 11. Amersfoort 2007

[38]WRI; a.a.o., S. 47

[39]FAO; Diseases and control measures, Cultured Aquatic Species Information Programme, Rome 2007

[40]WRI; a.a.o.; S. 47

[41]WRI; a.a.o., S. 47

[42]Knox, R; Why China Tops the FDA Import Refusal List. In – NPR Online Magazine, 24.05.07, Washington DC 2007

[43]Becker, G.S; CRS Report for Congress. Food and Agricultural Import from China, Washington DC

[44]FAO; AFRIS - Animal Products, Rome 2007

[45]FAO; AFRIS - Leather Meal, Rome 2007

[46]FAO; AFRIS – Broiler litter, Rome 2007

[47]Fisheries and Aquaculture Department: Land and water aquaculture resources, Rome 2007

[48]Fisheries and Aquaculture Department; Aquaculture Resources, Rome 2007

[49]FAO; Yearbook of Fishery Statistics, Rome 2007

[50]FAO; Yearbook of Fishery Statistics, Rome 2007

[51]Sih Yang Sim; Some insights into the living marine food fish market in the region. In:Asia-Pacific Marine Finfish Aquaculture Network, Bangkok 2004

[52]Agri-Food & Veterinary Authority (AVA); Live Fish Trade in Asia (Part 2), Singapore, Issue 16.01.2009
[53]Nutreco; Salmon feeds – Trends in levels of fish meal fish oil, S. 11, Amersfoort 2007
[54]FAO; Yearbook of Fishery Statistics – Disposition of world fishery production, S. 11, Rome 2007
[55]FAO; Fishery Yearbook, Rome 2009
[56]FAO; Globfish – World Fish Trade 2008, Rome 2009 und Fishery Yearbook, Rome 2009
[57]FAO; Consumption Datas, Rome 2007
[58]FAO; FAO support to the WTO negotiations – Fisheries trade issues in the WTO, Rome 2003
[59]WTO; Ministerial declaration – Market access for non-agricultural products, Geneva 2002
[60]Globfish; Shrimp Market Report China, Rome 2007
[61]Fish Base; Alaska pollock, Stockholm 2007
[62]Globfish; Alaska pollock market report March 2008, German imports of frozen Alaska pollock, Rome 2009
[63]Fish Base; Atlantic salmon and Pink salmon, Stockholm 2007
[64]FAO; Yearbook of Fishery Statistics, Rome 2009
[65]Globfish; Market report Salmon, Rome 2010
[66]Globfish; Fishmeal Market Report June 06 – Investment interest in peruvian fishmeal industry, Rome 2006
[67]Jackson, JBC; Historical Overfishing and recent collaps of coastal ecosystem, in Science Magazine, S. 629-638, New York 2001
[68]Alverson, DL; Discading practices and unobserved fishing mortality in marine fisheries, Seatle 1998
[69]WWF-Deutschland; Pressebericht - "Krabben mit Müll-Beilage" - vom 26.02.2009, Frankfurt 2009
[70]Galloway B und Cole JG; Reduction of juvenile Red Snapper bycatch in the US Gulf of Mexico shrimp trawl fishery, in North American Journal of Fishing Management, Vol. 19, S. 342-355, Bryan/Texas 1999
[71]WWF-Deutschland; Beifang – Eine mörderische Verschwendung, Frankfurt 2009
[72]Kelleher, K; Discarding the World Marine Fisheries, in FAO Technical Paper, Rome 2004
[73]Gillis, DM; Dynamic discarding decisions: Foraging theory for ´high-grading` in trawler fishery, in Behavioural Ecology S. 146-154,

Oxford 1995

[74]DPI; ´High-grading`may damage fish stocks, ABC-Online News, Cairns 17.06.2004

[75]Hall, MA; An ecological view of tuna-dolphin problem, in Inter-American Tuna Commission, La Jolla 1998

[76]WRI; Fishing for Answers – Making Sense of Global Fish Crisis, S. 63, Washington DC 2003

[77]ODIL; Agreement on the International Dolphin Conservation Program, vol. 32, No. 1, S. 71-92, Oxford 2001

[78]Johnson, DH; Incidental catch of marine birds in the North Pacific high sea driftnet fisheries. In: INPFC Bulletin No. 53, S. 473-483, Vancouver 1993

[79]WWF; Report on South-East-Atlantik 2007

[80]Global Seabird Programme; Red list indices for selected species groups, Bedfordshire 2005

[81]Lewison, RL: The impects of turtle excluder devices and fisheries closures on loggerhead and kemps riddley strandings in the western Gulf of Mexico. In: Conservation Biology 17, 4, S. 1089-1097, Boston 2003

[82]FAO/ Codex Alimentarius; Codex Standard 189 - Standard for Dried Shark Fins, Rome 2007

[83]DFO; Catch bycatch and landing of blue shark in the Canadian Atlantic, Report 02 E, Ottawa 2002

[84]WWF; a.a.o., Gland 2007

[85]Watling L/Norse EA; Disturbance of the seabed by mobile fishing gear – A comparison to forest clearcutting. in: Conservation Biology 12,4, S. 1180-1197, Boston 1998

[86]National Academies; Effect of trawling and dredging on seafloor habitat, S. 48-56, Washington DC 2002

[87]Pionier, I; Report on effect of trawling in the far norther section of the Great Barrier Reef, CSIRO, Cleveland 1998

[88]Watling L/Norse EA; a.a.o., S. 1187-1195, Boston 1998

[89]WHO; Rotenone Health and Safety Guide, No. 73, S. 12-15, Genf 1992

[90]EPA; Registration Eiligibility Decision for Rotenone, S. 9-10, Washington DC, 2007

[91]EPA; a.a.o., S. 25, Washington DC, 2007

[92]EPA; a.a.o., S. 25, Washington DC, 2007

[93]Burke, L; Reefs at Risk in Southeast Asia, S. 34-52, WRI, Washington DC, 2002

[94]WRI; Cyanide fishing: A poison tide on the reef, Washington DC, 2009

[95]WRI; Fishing for Answers, a.a.o., S. 67

[96]Eco Reefs; Blast Fishing and coral Reef Damage, Jackson 2007

[97]CNN; Blastfishing competes with reef conference, Atlanta 30.10.2000

[98]CNN; a.a.o., Atlanta 30.10.2000

[99]San Francisco Chronicles; Blastfishing killing Nicaragua´s fisheries, San Francisco 02.08.2009

[100]San Francisco Chronicles; a.a.o., San Francisco 02.08.2009

[101]Greenpeace International; History of Nuclear Weapon Testing, Amsterdam 1996

[102]WCD; Experience with Dams in Water and Energy Resource Development in the People´s Republic of China, S. III-IV, Cape Town 2000

[103]Timothy/Twongo/Sikoy; Status of Lake Victoria Ecosystem, S. 9-14, ACTS, Nairobi 2003

[104]DPI; Speckled Mosquitofish/Alien Fish, Orange/NSW 2001

[105]Practical Action; Water Hyacinth – Introduction, Problem & Solutions, Dhaka 2007

[106]Practical Action; Water Hyacinth, Chemical Control, Dhaka 2007

[107]Practical Action; Water Hyacinth, Physical Control, Dhaka 2007

[108]Animal Feed Resources Information System – Water Hyacinth, Rome 2006

[109]FAO; The Status of Fishery Resources, Rome 2009

[110]FAO; The Status of Fishery Resources, Rome 2009

[111]Garibaldi, L/Limongelli, L; Trends in oceanic captures and clustering of large marine ecosystem, S. 9, Rome 2002

[112]Kurlansky, M.; Kabeljau, Der Fisch, der die Welt veränderte, S. 29, München 2001

[113]NAFO; Some facts about fishing activities in the NAFO Regulatory Area, Dartmouth/Nova Scotia 2007

[114]NEAFC; Performance Review Panel Report, S. 23-25, London 2007

[115]Garibaldi, L/Limongelli, L; a.a.o., S. 20, Rome 2002

[116]Garibaldi, L/Limongelli, L; a.a.o., S. 33, Rome 2002

[117]FAO; Atlas of Tuna and Billfish Catches, Rome 2007

[118]UN General Assembly; Convention on the Law of the Sea, New York 2001

[119]UN General Assembly; Conference on Stradding and Highly Migratory Fish Stocks, New York 2004

[120]FAO; Code of Conduct for Responsible Fisheries, Rome 2007

[121]FAO; Second Technical Consultation on IUU, Rome 2001

[122]FAO; Committee on Fisheries, Rome 2009

[123]FAO; Regional Fishery Bodies - Basic Informations, Rome 2009

[124]EU; Fakten und Zahlen über die GFP, Brüssel 2008

[125]EU; Die Gemeinsame Fischereipolitik und bilaterale partnerschaftliche Fischereiabkommen, Brüssel 2009

[126]MSC; Annual Report 2007/08, S. 8 und 11, London 2009

[127]Chambers, S/Worldlink.com; Pink shrimp in Oregon certified a sustainable fishery, Bandon 12. 08. 2007 & MSC; Annual Report, S 16, London 2009

[128]MSC; MSC Offices and Staff, London 2009

[129]MSC; Annual Report 2007/08, S. 3, London 2009

[130]Kurlansky, M; a.a.o., S. 172-182

[131]EU Learning; Case Study: Canada, Spain and The European Union in The Turbot War, Ottawa 2008

[132]Global Security Org; Northern Limit Line West Sea Naval Engagement, Alexandria/Virginia 2009

[133]Hubbert, M.K.; Nuclear Energy and Fossil Fuels, S. 7-21 & S. 29-38; Shell Development Company, Houston 1956

[134]Paul, D.; Hooked on fishing an we´ve heading for the bottom. In: Ernergy Bulletin, No. 23, Vancouver 2006

[135]Rothschield, B.J; a.a.o, S. 124, Biological Factors, New York 1983

[136]Rothschield, B.J; a.a.o, S. 124-125, Biological Factors, New York 1983

[137]Joseph, J; Int. Tuna Management. In: Rothschild, B.J; Global Fisheries, S.126 -129, New York 1983

[138]FAO; Yearbook of Fishery Statistics, Rome 2009

[139]Rothschield, B.J; a.a.o, S. 126-129, New York 1983

[140]FAO; Yearbook of Fishery Statistics, Rome 2009

[141]FAO; Yearbook of Fishery Statistics, Rome 2009

[142]Bayliff, W.H/FAO; Management of Tuna Fishing Capacity: Conservation and Socio-economics S. 20-23, Rome 2005/Atuna org.online; Tuna Species Guide, 2006 und Fish Base; Yellowfin tuna, Stockholm 2007

[143]Rothschield, B.J; a.a.o, S. 124-125, Biological Factors, New York 1983
[144]Audubon. J.J.; Birds of America, Family XXIX, Genus III, Ectopistes, Edinburgh 1827-1838
[145]Fischer, M.; A Vanished Race, S. 3, Bird Lore, Washington DC, 1913
[146]Fischer, M; a.a.o, S. 8
[147]Institute of Cetacean Research; Regional assessments of prey consumption, S. 1, Tokyo 2009
[148]Institute of Cetacean Research; Lessons for fisheries management & human food resources , Tokyo 2009
[149]Institute of Cetacean Research; What's it all about? Benefits of the research program, Tokyo 2009
[150]DFO; Seal and Sealing in Canada, Ottawa 2009
[151]SeaWorld/Bush Gardens; Sea Lion, Orlando 2009
[152]EU; REDCAFE, Final Report, S. 108 - 111, Brussels November 2002
[153]EU; REDCAFE, Final Report, S. 105, Brussels November 2002

Quellenangaben

Agri-Food & Veterinary Authority (AVA); Live Fish Trade
in Asia (Part 2), Singapore, Issue 16.01.2009
Alverson, DL; Discading practices and unobserved fishing mortality
in marine fisheries, Seatle 1998
AQUI-S; Live Fish Transportation, Arnes (N)/Lower Hutt (NZ) 2007
ASA; Angling Retains its Mainstream Appeal and Broad Economic
Impact, Alexandria (USA) 2007
Atuna org. online; Tuna Species Guide, 2006
Audubon, J.J; Birds of America, Edinburgh 1827-1838
Bayliff, W.H/FAO; Management of Tuna Fishing Capacity:
Conservation and Socio-economics, Rome 2005
Becker, G.S; CRS Report for Congress. Food and Agricultural Import
from China, Washington DC 2007
Becker, J; Hungry Ghosts, London 1996
Burke, L/WRI; Reefs at Risk in Southeast Asia, Washington DC,
2002
CDC; Marine Toxins: Specific advise for avoiding marine toxin
poisoning, Atlanta 2009
Chambers, S/Worldlink.com; Pink shrimp in Oregon certified a
sustainable fishery, Bandon 12. 08. 2007
CNN; Blastfishing competes with reef conference, Atlanta
30.10.2000
Deutsche Welle – dw-world.de vom 24.04., Köln 2007
DFO; A Recent Account of Canada´s Atlantik Cod Fishery, Ottawa
2007
DFO; Catch bycatch and landing of blue shark in the Canadian
Atlantic, Ottawa 2002
DFO; Seal and Sealing in Canada, Ottawa 2009
DPI/ABC-Online News; ´High-grading`may damage fish stocks,
Cairns 2004
DPI; Speckled Mosquitofish/Alien Fish, Orange/NSW 2001
Eco Reefs; Blast Fishing and Coral Reef Damage, Jackson 2007
EPA; Registration Eiligibility Decision for Rotenone, Washington DC,
2007
EU; Die Gemeinsame Fischereipolitik, GFP-Reform 2002,
Brüssel 2007

EU; Fakten und Zahlen über die GFP, Brüssel 2008
EU; Grundbuch zur Meerespolitik, Brüssel 2006
EU; Kommission geht noch härter gegen schädliche Fangmethoden vor, Brüssel 2007
EU Learning; Case Study: Canada, Spain and The EU in The Turbot War, Ottawa 2008
EU; Lebensmittelsicherheit, Brüssel 2007
EU; REDCAFE Final Report, Brussels November 2002
FAO; Animal Feed Resources Information System – all Products, Rome 2007
FAO; Atlas of Tuna and Billfish Catches, Rome 2007
FAO; Code of Conduct for Responsible Fisheries, Rome 2007
FAO; Committee on Fisheries, Rome 2007
FAO; Diseases and control measures, Cultured Aquatic Species Information Programme, Rome 2007
FAO; FAO support to the WTO negotiations – Fisheries trade issues in the WTO, Rome 2003
FAO; Fisheries Statistics and Informations, Rome 2007
FAO; Food Outlook – all issues, Rome 2006/2007
FAO; Globfish Price Indicators - US Seefood Price Indicators, Rome 2007
FAO; Regional Fishery Bodies - Basic Informations, Rome 2007
FAO; Second Technical Consultation on IUU, Rome 2001
FAO; Statistical Databases, Rome 2007
FAO; World Review of Fisheries and Aquaculture, Part I, Rome 2006
FAO; Yearbook of Fishery Statistics, Rome 2007
FAOSTAT; World Production,Trade and Consumption, Rome 2007
FDA; BBB – Scombrotoxin, Silver Spring 2009
FIN; Fishmeal from managed resources, London 2007
Fish Base; Alaska pollock, Stockholm 2007
Fish Base; Atlantic salmon and Pink salmon, Stockholm 2007
Fisher, M.A/Bird Lore; A Vanished Race, Washington DC 1913
Forbush, E.H/Bird Lore; The Last Passenger Pigeon, Washington DC 1913
Galloway B & Cole JG/North American Journal of Fishing Management; Reduction of juvenile Red Snapper bycatch in the US Gulf of Mexico shrimp trawl fishery,Vol. 19, Bryan/Texas 1999

Garibaldi, L/Limongelli, L; Trends in oceanic captures and clustering of large marine ecosystem, Rome 2002

Gee, J; The Trade and Navigation of Great Britain, London 1731

Gerstmeier R/Romig T; Die Süßwasserfische Europas, Stuttgart 2003

Gillis, DM/Behavioural Ecologgy; Dynamic discarding decisions: Foraging theory for ´high-grading` in trawler fishery, Oxford 1995

Global Seabird Programme; Red list indices for selected species groups, Bedfordshire 2005

Global Security Org; Northern Limit Line West Sea Naval Engagement, Alexandria (Virginia) 2009

Globfish; Fishmeal Market Report - Investment interest in peruvian fishmeal industry,   Rome 2006

Globfish; Market report, German imports of frozen Alaska pollock, Rome 2007

Globfish; Market report Salmon, Rome 2007

Globfish; Shrimp Market Report China, Rome 2007

Greenpeace International; History of Nuclear Weapon Testing, Amsterdam 1996

Hall, MA/Inter-American Tuna Commission; An ecological view of the tuna-dolphin problem, La Jolla 1998

Hubbert, M.K.; Nuclear Energy and Fossil Fuels, Houston 1956

Innis, H.A; The Code Fisheries, New Haven, 1940

Institute of Cetacean Research; Regional assessments of prey consumption,Tokyo 2009

Institute of Cetacean Research; Lessons for fisheries management & human food resources, Tokyo 2009

IRN; The Environmental Impacts of Large Dams, Berkeley 2007

Jackson, JBC/Science Magazine; Historical Overfishing and recent collaps of coastal ecosystem, New York 2001

Johnson, DH/INPFC Bulletin; Incidental catch of marine birds in the North Pacific high sea driftnet fisheries, No. 53, Vancouver 1993

Joseph, J/Rothschild, B.J; International Tuna Management - Global Fisheries, New York 1983

Kelleher, K/FAO; Discarding the World Marine Fisheries - Technical Paper, Rome 2005

Knox, R/NPR Online Magazine; Why China Tops the FDA Import Refusal List, Washington DC 2007

Kurlansky, M; Kabeljau, der Fisch, der die Welt veränderte, München 2001
Lewison, RL/Conservation Biology: The impects of turtle excluder devices and fisheries closures on loggerhead and kemps riddley strandings in the western Gulf of Mexico, Boston 2003
Lloyd´s; Databases, London 2007
MSC; Annual Report 2005/6, London 2007
MSC; Annual Report 2007/8, London 2009
MSC; Board of trustees and Staff, London 2007
NAFO; Some facts about fishing activities in the NAFO Regulatory Area, Dartmouth/Nova Scotia 2007
National Academies; Effect of trawling and dredging on seafloor habitat, Washington DC 2002
NEAFC; Performance Review Panel Report, London 2007
Nutreco; Salmon feeds – Trends in levels of fish meal fish oil, Amersfoort 2007
ODIL; Agreement on the International Dolphin Conservation Program, Vol 32, Oxford 2001
Paul, D/Ernergy Bulletin; Hooked on fishing an we´ve heading for the bottom, No. 23, Vancouver 2006
Pionier, I; Report on effect of trawling in the far northern section of the Great Barrier Reef, CSIRO, Cleveland 1998
Practical Action; Water Hyacinth – Problem & Solutions, Dhaka 2007
Rothschild, B.J; Global Fisheries, International Tuna Management Revisited, New York 1983
San Francisco Chronicles; Blastfishing killing Nicaragua´s fisheries, San Francisco 02.08.2009
Sauer, C.O; Seashore – Primitive Home of Man? In Proceedings of the American Philosophical Society, Vol. 106, Philadelphia 1962
SeaWorld/Bush Gardens; Sea Lion, Orlando 2009
Sih Yang Sim/Asia-Pacific Marine Finfish Aquaculture Network; Some insights into the living marine food fish market in the region, Bangkok 2004
Smithsonian Institue; Passenger Pigeon, Washington DC 1927
Statistisches Bundesamt, Wiesbaden 2005
Täufel/Ternes/Tunger/Zobel; Lebensmittel-Lexikon, Hamburg 1998
Timothy/Twongo/Sikoy; Status of Lake Victoria Ecosystem, Nairobi 2003

UNO; Conference on Stradding and Highly Migratory Fish Stocks, New York 2004

UNO; Convention on the Law of the Sea, New York 2001

UNO; Demographic Yearbook New York 2009

Watling L/Norse EA/Conservation Biology; Disturbance of the seabed by mobile fishing gear – A comparison to forest clearcutting, Boston 1998

WCD; Experience with Dams in Water and Energy Resource Development in the People´s Republic of China, Cape Town 2000

WHO; Rotenone Health and Safety Guide, No. 73, Genf 1992

WHO; Water and Sanitation – all Regions, Geneva 2007

WRI; Fishing for Answers – Making Sense of the Global Fish Crisis, Wasington DC 2004

WTO; Ministerial Declaration, Agriculture, Doha 2001

WTO; Ministerial Declaration – Market access for non-agricultural products, Geneva 2002

Woodham-Smith, C; The Great Hunger, London 1964

Wurts, W.A; Using Salt to Transport Live Fish, Princeton 2007

WWF-Deutschland; Pressebericht - "Krabben mit Müll-Beilage", Frankfurt 2009

WWF; Report on South-East-Atlantik, Gland 2007